必ずお金が貯まる
ユダヤ蓄財術
「タルムード」
金言集

石角完爾
Ishizumi Kanji

混乱の時代を勝ち抜く智恵

はじめに　――ヘブライ聖書は「ピンチの書」

前著『ユダヤ人の成功哲学「タルムード」金言集』（集英社　2012年刊）の出版から、早10年以上の時が経《た》った。そして今もってして、日本のビジネスパーソンの間では変わらず、ユダヤ人の成功哲学に興味を抱く人が多い。

それは、ITの分野をはじめとするマネーやビジネス等の様々なジャンルでユダヤ人の成功例が多いことから、「なぜユダヤ人は金儲《かねもう》けがうまく、追い詰められてピンチの時にも、富とチャンスをつかみとることができるのだろうか」という関心が尽きないからであろう。

そこで本書では、ユダヤ人の蓄財術とその背景について、ヘブライ聖書、またその解釈を集めた議論集である「タルムード」、「ミシュナ」と呼ばれる口伝律法《くでんりっぽう》から深掘りをし、変化の激しい社会情勢においても、その教えは今もって普遍的なものであることをお伝えしていきたい。

ヘブライ聖書とは、キリスト教徒が言うところの旧約聖書のことであり、ユダヤ教徒は「トーラー」と呼んでいる（本書では日本人読者向けに、「ヘブライ聖書」と表記する）。「トーラー」とは「創世記」「出エジプト記」「レビ記」「民数記」「申命記」が基本となったユダヤ教徒の書物の「モーゼ五書」である。ヘブライ聖書には、様々な物語が登場する。しかし、そこに「神の意図」はほんの一部しか明確には書かれてはいない。そこで、「ヘブライ聖書のこの一節に書かれている内容は、一体何を意味しているのか？」という神の意図について、ユダヤ教徒が侃々諤々《かんかんがくがく》と交わした膨大な議論をまとめたものが「タルムード」である。あくまでも議論集であって、タルムードにも「正解」はない。なぜならば、ユダヤ教においては正解にたどり着くことを目的としていないからである。正解よりも、人が思いつかないような場面、現実には起こり得ないことまでも、次々と議論を想定する能力を養うことを重要視しているのだ。この能力こそが、現代のユダヤ人の成功と密接な関係があることは、本書をお読みいただくことで理解していただけるはずである。

ユダヤ教徒が守るべき613の戒律が書かれた「ヘブライ聖書」。その他の日常生活における戒律を、口伝律法で語り継いできた「ミシュナ」。そして過去2000年に渡って、ヘブライ学者が研究、議論を重ねた「タルムード」。これらが、ユダヤ人が生活の知恵として参考にしている「基本の教え」になるが、中でも現代のユダヤ人に最も大きく影響を与えているのは、ラバイと呼ばれるユダヤ教の聖職者が、シナゴーグ（ユダヤ教の会堂）で毎週土曜日に行う説法である。ヘブライ聖書、ミシュナ、タルムードなどをベースにしたその説法には、その時々の、その土地におけるユダヤ人の「あるべき行動規範」が凝縮されているからだ。

これから紹介する様々なユダヤの説話や物語は、実際に私が世界各国のシナゴーグで聴き、心を動かされたラバイの説法をもとにしている。ユダヤ教の教えを日本のビジネスパーソンにわかりやすいよう日本語で解釈したものである。つまり本書は、みなさんに問題点を提示し、議論のきっかけとしていただくための私のタルムードである。現在、ユダヤ教に改宗し、ユダヤ人となった存命の日本人男性で、日本のビジネスパーソンにユダヤ教について幅広く解説している者は私のほかにはいない。つまり本書は、日本語でユダヤ教のエッセンスをわかりやすく知ることができる、貴重な機会と言っていいだろう。

そもそもユダヤ人はなぜ、宗教戦争に巻き込まれた長い歴史の中で、国を持たずとも生き延びることができたのだろうか。アッシリアやバビロニア、エジプト王朝、ローマ帝国による征服、そしてヒトラーとナチス・ドイツによるホロコーストと、過去を遡《さかのぼ》れば、これまで数えきれないほどのユダヤ人が虐殺されてきた。けれどユダヤ人は、その悲劇すらも乗り越え、蓄財とイノベーションのチャンスへと転換し、富を獲得してきたのだ。

それは、ユダヤ民族5000年の歴史の書・ヘブライ聖書という、神の教えによる絶対的な「教科書」から、身の施し方を学んできたからにほかならない。

ヘブライ聖書に書かれた物語は、その全てが、「ピンチの物語」だった。事実、ユダヤ人にとっての日常は、全て偏見と差別、迫害というピンチの連続である。だからこそ、ユダヤ人には「想定外」という概念がない。たとえどんな困難にあっても、ヘブライ聖書の教えから、ピンチの切り抜け方や考え方、ブレない決断の指針を持っている。生活においても、信仰においても、「絶対的な基本前提」として、その教えを実践してきたからこそ、現代のユダヤ人の富と成功がある。

国や企業が大きな決断をする際、決定権を握っているのは、当然リーダーやトップだ。さらに言うと、トップの決断の指針が、その後の全てを決めてしまう。国民や社員はその決断に従った結果、振り回されて不幸のどん底に落ちるか、あるいは幸福の絶頂に舞い上がるのか、明暗がはっきりと分かれる。そうなると、その指針となる「絶対的な書物」のあるなしは、大きな違いを生むだろう。

日本にも幕末の頃には、物事を判断するための素晴らしい書物があったはずである。西郷隆盛、吉田松陰、坂本龍馬といった幕末の英雄が学んだ佐藤一斎の『言志四録』をはじめ、中国の思想書、戦略論などがそれに当たるのではないか。しかしそれ以降、明治・大正・昭和と時代が進むにつれ、政治家たちは、良質で、本質的な書物を読まなくなっていったように思う。

それは、戦前の旧日本軍の精神主義的な教育によるところが大きいだろう。「聖戦へ民一億の体当り」「撃滅へ怒濤《どとう》の意気でまっしぐら」といった、科学的な裏付けのない思想、一方的な精神論が、この国の中心にとって変わってしまったからだ。内容が真実でなければ、誰もが判断を間違える。それは、日本の戦禍を鑑みれば明らかだろう。

2023年の今、なぜ再び、ユダヤの教えを伝える必要性を感じたのか。それは、様々なジャンルで大きく遅れをとった日本が、どこで、どう判断を間違えてしまったのか、「今一度振り返る時期にきている」と思ったからである。日本はこれから、いかにして激動の時代をサバイブしていけばよいのか。そのヒントは、ユダヤ人にとって「絶対の書」である、ヘブライ聖書の教えの中に必ずある。その智恵はユダヤ人のためだけのものではなく、神が全人類に与えた、人生をたくましく、幸せに生き抜くための方法なのである。
そう断言できる理由は、著者である私がユダヤ教徒であり、その幸せを日々実感しているからだ。本題に入る前に、少し自己紹介をさせていただく。私の本業は国際弁護士であるが、２００７年から約5年間、ユダヤ教の聖職者に師事し、ユダヤ教の猛勉強と猛特訓を受けた。難関とされている数回の筆記試験と口述式試験、割礼手術、沐浴式、宣誓式、ユダヤ教の作法に従った現在の妻とのもう一度の結婚式を経てユダヤ教に改宗し、「日本人男性では50年ぶり」と言われるユダヤ人となったのだ。

ウルトラオーソドックス派（ハバド・ルバヴィッチ）に所属する日系ユダヤ人として、またユダヤ教徒、ユダヤ教義解説者として活動する中で、「世界のユダヤ社会の中で最も知られた日系ユダヤ人」と呼ばれるようになった。国際弁護士としては、日本におけるマイケル・ジャクソンの顧問弁護士を務め、国際的なM&A案件に関わるなど、世界のビジネスシーンの最前線を目《ま》の当たりにしてきた。また日本人弁護士として『ウォール・ストリート・ジャーナル』の一面トップに似顔絵つきで紹介されたりもした。そしてユダヤ人ネットワークの人脈から、イスラエルの最新技術と日本企業を繋《つな》ぐ技術商社テクニオンジャパン株式会社（イスラエル工科大学テクニオンの公式機関）の代表を務めている。

私が改宗した理由は、ユダヤ教の教えによって人生の真理に触れたからであるが、現在の日本が抱える様々な問題と本書を照らし合わせてお読みいただければ、その一つひとつの教義の奥深さについて、きっと腹落ちしていただけるだろうと確信している。

「ノーペイン、ノーゲイン」〜痛みなければ果実なし

「ノーペイン、ノーゲイン（No pain, no gain）」

日本語に訳すと、「痛みなければ果実なし」となる。つまり、犠牲を払わずして、成功は得られないという意味だ。別の表現に置き換えるならば、「ギブアンドテイク（give and take）」になるだろう。

ここで大切なことは、この言葉の順番だ。「ノーペイン、ノーゲイン」も「ギブアンドテイク」も、「痛み」と「与える」ということが先にきている。ユダヤ教で神が定められた順番は、まず「痛み」と「与える」。つまり「犠牲」が先にくる。痛みがあるところには果実があり、犠牲を払わなければ収穫もない、ということだ。

この教えを示唆する「魔法のザクロ」という説話がある。ユダヤ三人兄弟の有名な話だ。

長男は世界中どこでも見える望遠鏡を、次男は空飛ぶ魔法の絨毯《じゅうたん》を、末っ子の弟は不思議なザクロの実を一つ、手に入れた。長男の望遠鏡でお姫様が重い病にかかっているのを知った三兄弟は、次男の魔法の絨毯に乗り、お城に駆けつけた。末っ子が不思議なザクロの実をお姫様に食べさせると、お姫様はみるみる元気になった。喜んだ王様は、お姫さまに三人の中から婿を選べと告げると、お姫様は「私のためにザクロの実を失った、一番下の弟を選びたいと思います」と答え、二人はめでたく結婚をした。

この説話のポイントは、「宝物を失ったかどうか」にある。長男と次男は、望遠鏡と空飛ぶ絨毯を使ってお姫様の役に立つことはしたが、望遠鏡も絨毯も手元に残っており、何も失ってはいない。しかし末っ子は、宝物を失うという痛みを顧みず不思議なザクロの実を差し出したことによって、お姫様と結婚することができたのだ。

この金言の大切さ、その本質については、10年前の前著でも私はお伝えしていた。しかし、日本はやはり、先に「ペイン」や「ギブ」を差し出すことができなかった。例えば2019年から3年にわたって続いた新型コロナウイルスのパンデミック、ワクチン問題も同様だ。ワクチン開発で大幅に遅れをとってしまったことが、それを如実に表している。

イスラエルが、コロナ禍において世界でもいち早くワクチン接種を進めてきたことは、ご存じの方も多いだろう。新型コロナウイルスのメッセンジャーRNA（mRNA）ワクチンは、ギリシア系移民でエーゲ海に面した港町出身のユダヤ教徒、ファイザー社のCEOのアルバート・ブーラが世界中に売りまくり、巨万の富を得た。このファイザー社とイスラエルは、ワクチン開発の当初から、協力関係にあった。イスラエルがヒトゲノム情報をファイザーに提供し、その見返りとして、ファイザーはコロナワクチンをイスラエルに提供したとも言われている。もっと具体的に言えば、ファイザーのアルバート・ブーラと、イスラエルの首相ベンヤミン・ネタニヤフとの交友関係が、コロナワクチンの開発を後押ししたのだ。つまり、そこにはイスラエルの「ギブ」が先にあったのである。

一方の日本は、子宮頸《けい》がんなど、以前接種を進めていたワクチンの副反応が社会問題となり、訴訟が相次いだせいで、国はワクチン政策に消極的になった。製薬会社も開発や研究者育成を止め、大学でも研究の予算がつかなくなってしまった。つまり、失敗を恐れて「守り」に入ってしまったがゆえに、ワクチン開発という、重要なビジネスチャンスをみすみす逃して大損をしたわけである。その裏で、ユダヤ人は世界的パンデミックというピンチを生かして大儲けをした。日本人はこの教訓を、決して「喉元過ぎれば熱さを忘れる」としてはならない。

「ノーペイン、ノーゲイン」を地でいき、大成功したことで知られるユダヤ人に、ハイアットトリージェンシーやハイアットホテルアンドリゾーツで知られる、ハイアットグループのプリツカー家がいる。

一家はユダヤ系アメリカ人の実業家・慈善家の家系で、初代と2代目はとくに、「持ち出すことのみ多かった」というほどの苦労を重ねた。初代のジェイコブ・プリツカーは、ウクライナのキーウに住む、非常に貧しいユダヤ人だった。1881年、ロシア王朝のユダヤ人迫害の際、着の身着のまま、裸一貫でアメリカ・シカゴに船で渡り、逃げてきた。この段階で、すでに多くの犠牲を払っているわけだが、優秀だった息子のニコラス・プリツカーが苦学して弁護士となり、その息子のハリー、エイブラハム、ジャックという3人の息子たちが不動産投資に成功し、ハイアットグループの基礎を築いた。つまり、親子2代で様々な犠牲（ペイン）を払った後、3代目で大きな成功（ゲイン）を得たわけである。

犠牲を払うということは、「何か」を「先に」、誰かが、どこかに差し出すということだ。現代社会でそれは、「お金」を差し出すこと、「時間」を差し出すこと、「労働」を差し出すことになるだろう。

日本語には「棚ぼた」という言葉があり、多くの人は、そのラッキーを「幸せなことだ」と思っている。たしかに、ラッキーは時々は起こるかもしれない。けれども、「棚ぼた」というのは、何の痛みも伴わず、棚からぼた餅が落ちてくることを指す。つまり、それは、本質的な「ノーペイン、ノーゲイン」ではない。棚ぼたを追うことは、すなわち、後で必ず「ペインがくるぞ」ということ。それがユダヤ的な考えなのである。

「現状維持」と「忖度《そんたく》」を決してしないユダヤ人

日本の「ＤＸ（デジタルトランスフォーメーション）の遅れ」は今さら言うまでもないが、一方のユダヤ人は、なぜＩＴの分野で、世界をリードし続けているのだろうか。そして、「世界で最もイノベーティブな民族」と言われるのも、ユダヤ人である。

その象徴と言えるのが、ChatGPTを開発し、世界を席巻したOpenAI社のＣＥＯサム・アルトマンだ。ＩＴ関係の創業者で有名なユダヤ人は数多くいるが、このサム・アルトマンも、ユダヤ人の非常に特徴的な二つの生き方を受け継いでいる。その二つの生き方とは、「レハレハ」と「フッパ」という、ヘブライ聖書の言葉にあるものの見方・捉え方だ。

この二つを身に付けているのが、サム・アルトマンであり、マイクロソフト社元ＣＥＯ

のスティーブン・バルマーであり、デルの創業者にして会長兼CEOのマイケル・デル、オラクルの創業者のラリー・エリソン、半導体最大手のインテル元会長兼CEOであるアンディ・グローブ、グーグル創業者のラリー・ペイジ、旧フェイスブック・現メタの創業者マーク・ザッカーバーグである。

彼らはみな、日本人的感覚から言えば、「変わり者」以外の何者でもない。このイノベーターたちが恐ろしく変わっている理由。それは、現状維持を良しとしない「レハレハ」と、忖度をしない「フッパ」というユダヤ教の精神が源にあるからで、その証拠にこんな逸話がある。

サム・アルトマンは、人工知能開発以外に一切興味がなく、在籍していたスタンフォード大学で行われる授業も、「くだらない」と言って中退した。会社で行われる会議も「くだらない」とし、一切やることはない。「オレひとりが、暗い部屋の中で考えることが全てだ」という変わり者らしい姿勢を貫いてChatGPTを全てデザインし、立ち上げ、進化を続けた。インテルのアンディ・グローブも、彼が社長に就いていた時、「メモリー半導体は一切やらない」と言い出したことは有名だ。当時、メモリー半導体は、日本が最も得意とする分野だった。それを見ていたアンディ・グローブは、「日本人が得意とするような（日本人がすでにやっているような）ものはやらない」と言い、それまで事業の中心だったメモリー半導体をいきなりやめて、パソコンの頭脳、プロセッサチップの製造に舵を切ったのだ。「人がやっているものには見向きもしない」という決断は、ユダヤ人から見るとごく「普通」の経営判断なのである。結果はご存じの通り、インテルはその後、世界のパソコン市場を独占した。

「レハレハ」と「フッパ」の意味と正反対の日本語は、「現状維持」と「忖度」だ。

ヘブライ聖書から求められているがゆえに身に付く「レハレハ」は、創世記の第12章第1節から、17章27節まで書かれている物語の中にある。詳しい物語は本文（39ページ）をお読みいただきたいが、神様の像を作っていた両親の職業を「それは神がノーと言われる、偶像崇拝の考えである」と否定したエイブラハムという男がいる。「現状否定」をして、新天地を目指したエイブラハムこそ、神は「ユダヤ人第一号にふさわしい」とされたのだ。この物語があるから、ユダヤ人はつねに、新しいこと、他人が行っていないことにチャンスを見出そうとする。「レハレハ」の精神、すなわち「決して現状維持はしない」という考えが、心底染み付いているのである。

もう一つの「フッパ」については、ユダヤ人がいかに「忖度をしない」のか、実際のケースで紹介しよう。

ニューヨークには、マネス音楽院という、ジュリアード音楽院と並び称される名門中の名門音楽大学がある。10年ほど前にある講座が開かれて、アメリカやイギリス、カナダや日本など、様々な国から集まった20名ほどの学生たちが、初めて教室にやってきた。その中に、イスラエルから来た20代の女学生がいた。彼女は教授が話を始めて15分ほど経った頃にいきなり、「先生。これから始まる講義、教えようとされていることは全て、間違っています」と言い出したのだ。そもそも、教え方がおかしい。なぜそのような教え方をするのか。わざわざ高い授業料を払って、そういうことを習いにイスラエルから来たのではない。教え方を改めてくれ、と。

さて教授の方も負けてはおらず、「いいや、こういう教え方こそが音楽理論を勉強するのには最もふさわしいんだ」と言い返した。結局、ふたりの激論で、その日の講義は終わってしまったという。これが仮に日本の大学で、学生が教授に向かって同じようなことを言った場合、言うべきではないと思う人も多いはずだ。

「アメリカ海兵隊員100人を統率するよりも、2人のイスラエル兵を首肯させる方が難しい」という言葉もよく耳にする。イスラエルの兵士は平然と、軍隊長に歯向かってくるからだ。

徴兵制度で入隊するのは、全員、まだ高校を卒業したばかりの若者である。しかし彼らは平然と入隊時にこう口にする。

「なぜお前はオレの上官なんだ」

「なぜお前の命令で、オレが戦場で従わなくてはならないのだ」

当然、軍隊長はそれにしっかりと答える。それがイスラエル兵士のごく普通、日常の会話である。たとえ実際の戦場で上官から、「エジプトの戦車には、このロケット砲を発射するのが一番命中率がいい。だからやれ」と命じられても、若い兵士たちは全員、「なぜそう言えるのだ」と首をひねり、まずは食ってかかる。

ユダヤでは、「それこそ素晴らしいユダヤ教徒である」と絶賛されるべき行動なのである。自分が正しいと思ったことは、相手が立派な教授であれ、上官であれ誰であれ、忖度することなく主張する。

「それじゃあ大学も、軍隊も、体《てい》をなさないではないか」と、考える向きは多いだろう。しかし、若い人間の意見を採り入れていかなければ、教育における考え方も、軍における戦術も、「進化は望めない」と、ユダヤ人は考える。

前述の音楽院でのような激論があるからこそ、新たな発見がある。30年くらいかかって頂点に達した者（大学であれば教授、会社であれば取締役や社長）に対して、若者が堂々と意見を主張し、改革を進めていくから、そこに初めてイノベーションの素地が生まれる。ユダヤでは宗教上求められているがゆえに、日本の社会と比べると失敗を恐れず、未来を切り開いていくイノベーターが多いのだ。

「忖度をする」という性質は、日本が太平洋戦争で負けた大きな理由の一つでもあると思う。日本軍は、「大本営」に所属する陸・海軍大学校の成績優等生、参謀たちが立てた戦略に、つねに忠実に従うことを要求されてきた。誰が考えても「それはおかしいだろう」という作戦も、末端の兵士は唯々《いい》諾々《だくだく》と従って、やがて命を落としていったのだ。

ユダヤ教に、「忖度するな」という教えがあるのはなぜなのか。答えは明快で、ヘブライ聖書の中で、ユダヤ人が対話を行うのは「神のみ」だからである。

ユダヤ人は、絶対抽象の神とだけ対話をし、神との対話の中でのみ、自分の人生の方向性を決めていく。だから、その中間には何も存在しないのだ。「大学教授も、上官も、神ではない」ということを知っている。つまり若者にとって、教授も上官も対等な存在なのである。だから忖度をせず、組織の中でも目上の者に対して堂々と自分の意見を言うことができる。

ユダヤ人が、ユダヤ教徒であるがゆえに絶対に選ばない「現状維持」と「忖度」。現代日本人が失敗を恐れて守りに入るがゆえに、必ず陥る「現状維持」と「忖度」。さて読者のあなたは、これをどう考えるだろうか。

本書では、こうした日本人とユダヤ人の根本的な視点の違いについて理解が深まるように、前著と同様に今回も、代表的なユダヤの説話を選び、紹介している。そして、それぞれの説話が持つ本質的なテーマを現代社会に落としこみながら、みなさんとともに蓄財やイノベーションに必要な視点や考え方を読み解いていきたい。本書には、前著で紹介した説話を再度とり上げているものもあるが、この10年の間に起きた日本をめぐる世界情勢の変化を読み解くために欠かせない説話なので、解釈の違いを読みくらべていただきたい。

日本、そして日本人にとって、今大きな障壁となっているものは何か。また、その障壁を越えるヒントは何か。今も色褪《いろあ》せることないユダヤの教えから、その真理をぜひ読み取っていただきたいと思う。

第二章　ピンチの時の蓄財術

第三章　混乱の時代にこそイノベーションを起こす　149

第一章

逆境を生き抜く選択の智恵

「目に見えるもの
手に触れることができるもの
音が聞こえるもの
形あるものは全て捨てよ。
そして、新しい地を目指せ」

右の言葉の中にある「地」とは、物理的な意味の土地ではなく、「抽象」という、新たな世界を指している。

ユダヤ教とは、「偶像崇拝を禁止する宗教」である。だからこそ神は、我々ユダヤ教徒に対して、「形あるものは全て捨てろ」と教えている。「具象の世界」を出て、「抽象の世界に入れ」という神のメッセージを忠実に守っているのが、ユダヤ民族なのである。

「完全なる抽象の世界に旅立て」というのは、どういうことか。具体的に言うと、仏教では仏像や仏画、仏壇、仏具などがある。神道にも、榊《さかき》や拝殿や本殿、しめ縄があり、巫女《みこ》がいる。キリスト教のカトリックにおいても、イエスの像や十字架、聖母マリアの絵画などがある。それらは全て、目に見えるもの、手に触れることができるものであり、「形ある具象の世界」の宗教であると言えるだろう。一方のユダヤ教はそれらを全て捨て、いかに「形のない抽象の世界」で生きるかを重要視する。

ユダヤ教において「神」というのは、宇宙の絶対的な創造主であり、すなわち「宇宙の摂理」という概念を指している。つまり、ユダヤ教徒が神の教えを追求するのは、宇宙の摂理を追求することと同義である。従ってユダヤ教徒であれば必ず、具象の世界のこだわりを手離し、心配ごとを一切捨て去って、「抽象の世界に飛び込む」という生き方を選ぶ。

そして抽象世界を生きようとした結果、世界のどの民族よりも現状に対して恐怖心を持たない民族になった。抽象世界を生きる者は、恐怖心を持たない。だから、逆境に強い。人生において、人が逆境に陥った時、最も役立つのは、この「抽象的思考」だ。

例えば、具象の世界に生きる人々は、「株を買ったら値下がりして、大損してしまうのではないか」「不景気になって、財産を失うのではないか」などと具体的な事象を思い浮かべて、起こるかどうかわからないことに対して恐怖心を感じ、冷静な判断を見失うことが多い。しかしユダヤ教徒からすると、そういった思考はおよそ考えにくいアプローチだ。

多くの日本人は、1年365日を具象の世界で生きている。いくら年収を稼いでいるのか。従業員何人の会社を経営しているのか。土地や財産はどのくらい保有しているのか。肩書は何か。自分の立場をどう守るか。地域社会の中で、どううまくやっていこうか。全て具象の世界の中で、あたふた、あくせく生きている。こうした世界で生きる人は、形あるものに対するこだわりや恐怖心を取り去ることがなかなかできない。

では逆境に立たされた時、抽象の世界を生きるユダヤ人であれば、どういう考え方をするのだろうか。その例がわかりやすく書かれた、ヘブライ聖書の有名な物語を紹介しよう。

山羊《やぎ》とランプの油

砂漠を旅していたあるラバイ（ユダヤ教の聖職者）は、山羊とランプの油という、二つの旅の道具を失ってしまった。その乳を飲み、砂漠を生き延びようと思って連れていた山羊は、狼《おおかみ》に襲われて殺されてしまった。夜の帳《とばり》が降りた後、ヘブライ聖書を読むためにつけるランプの油も、つまずいて転んだ時に流れてしまった。もはや、ヘブライ聖書を読むこともできない。絶望に打ちひしがれていたところ、たまたま盗賊が通りかかった。もし山羊が生きていたら、その鳴き声を聞きつけ、ラバイは盗賊に襲われて命を失っていただろう。もしランプをつけてヘブライ聖書を読んでいたら、その灯火で盗賊に気づかれていただろう。山羊と油。この二つを失ったから、ラバイは事なきを得たのだ。

この物語からユダヤ人が学んだことは、「山羊や油という、具体的なもの、具象を失った不幸にこだわってはいけない」ということだ。ユダヤ人は、「絶対抽象の神は、人間が具象物を失うことは全てお見通しであり、必ずや、それらを捨てることで我々をお救いになる」という信念を持っている。ヘブライ聖書の教えに従って、日々を生きるという羅針盤があるために、進む方向を見失うことはない。一見、不幸なことに思える目の前の出来事にもこだわらず、物事を中長期的に捉えることができる。

翻って、今の日本に当てはめて考えてみよう。日本は、山羊や油を失って、かえって大騒ぎをしている現状にある。インフレで食料品（＝乳）をはじめ、電気代（＝油）が高騰した。これは大変だ。上を下への大騒ぎをして国債を大量発行し、国民への借金を増やした上にガソリン販売業者には資金注入をし、ガソリン価格を抑えようとする。

このような逆境と、ユダヤ人の言う逆境とは、程度が全く違うのだ。「上司からハラスメントを受けた」とか、「会社をリストラされそうだ」とか、「SNSで叩《たた》かれた」などの逆境を、ユダヤ人は逆境とは呼ばない。長い歴史の中で、「民族が数百万人単位で虐殺される」という状況こそ「逆境」と呼ぶにふさわしい。「会社が潰れる」などという程度のことは、ユダヤ人には逆境でも何でもない。

ヘブライ聖書の中には、「From Dust to Dust（人は塵《ちり》から生まれてきた。生まれてきてから得たものに執着するな。いずれ人は塵に戻っていくのだから）」という一文もある。人は神によって土から作られしもので、それはいずれまた、土に戻っていくもの。だとするならば、塵と塵の間の、そのわずかな時間を一体何に使うのかが重要だ、という意味である。

もともと、人は生まれてきた時に、何も持ってはいなかった。死ぬ時も、株やら代表取締役の地位やらを持っていくことはできない。死んだ後も、新たに年俸が保証される、なんていうことはない。

「具象の世界」で生きるのか、それとも「抽象の世界」で生きるのか。本章では、このポイントを前提に、日本人とはかけ離れた視点で逆境を生き抜く、ユダヤ人の智恵の源をぜひ読み取っていただきたいと思う。

弱いものは財産を見せびらかしてはいけない

すずめと金冠

ある日、ソロモン王は鷲《わし》の背に乗り、領国内の土地の視察を行っていた。その時、気流の変化が起こり、ソロモン王は鷲から落ちそうになった。

「大変だ！」「助けよう！」と叫んだのは、それを見ていたすずめの集団である。上手く飛べない鷲を何とか補助し、ソロモン王が鷲の背中から落ちないように支えたため、大事に至らずに済んだ。

これに感謝をしたソロモン王はすずめたちに、「お前たち、よくぞ助けてくれた。褒美に何でも欲しいものを与えてやろう」と言った。ワイワイガヤガヤ、何が欲しいかを大議論したすずめたちは、「王の被っておられる金冠と同じ、黄金の金冠を我々すずめ全員に被らせていただきたい」と申し出た。

ソロモン王は、「それはまずい。そういうことをしたら、お前たちは必ず、ひどい目にあうだろう。もう一度考え直してみたらどうだ」と助言したが、すずめたちは「とにかくあの金冠を一度でいいから被ってみたいのです。どうか、お願いいたします」と後に引かない。「そこまで言うなら仕方がない。お前たちに、この金冠を被れるようにしてやろう」と、すずめ数千羽の頭に金冠が被せられることになった。

大喜びのすずめたちは金冠を被り、イスラエルの上空をあっちへこっちへと飛び回った。この光景を見た猟師は、「あのすずめたちを撃ち落とせば金冠が手に入る」と気づき、バンバン撃ち落としていった。生き残った5羽のすずめは命からがらソロモン王のもとに駆けつけて、こう言った。

「王様、私どもが間違っておりました。私どもはやっぱりすずめでした。金冠などはふさわしくないということが、最後の5羽になってわかりました。この金冠はもう、謹んでお返しいたします」

こうしてすずめは、「種」として保存されることになった。

「はじめに」でも触れたように、前著『ユダヤ人の成功哲学「タルムード」金言集』の出版以降、日本が置かれた国際情勢は大きく変化した。

そして今や、日本の国際競争力は衰える一方である。財政や貿易収支等も大きく変化し、「散財日本」とでも言うべき方向に舵《かじ》を切ってしまっているように思えてならない。

前著を出版した２０１２年は、まだ修正の余地があったのだ。しかし今はさらに難しい局面を迎えており、「散財日本の中における、個々人のサバイバル」を考えなければならない時代となってしまった。

「散財日本」の方向へはっきりと舵を切ったのは、岸田文雄・現政権の政策にある、と私は見ている。

「すずめと金冠」は、ユダヤの有名な説話である。理解の早い読者の方は、この説話がまさに、今の日本の状態を表していることがおわかりではないだろうか。

岸田首相がウクライナの首都キーウに訪問したことは、記憶に新しい。２０２３年3月21日、ウォロディミル・ゼレンスキー大統領との会談後の共同記者会見で、岸田首相は「平和が戻るまでウクライナとともに歩む」と表明。さらに、殺傷能力のない装備品の供与支援に３０００万ドル（約40億円）の資金を拠出するとも発表したのだ。

これはまさに、金冠を被ったすずめと同じだと言える。この説話について、ユダヤ人が解釈した大切な教えは何か。それは、「たとえお金があっても、決して見せびらかしてはならない」という教えである。力もないのに、お金（金冠）があることを見せびらかした結果、猟師に撃ち落とされるすずめが日本だとするならば、撃ち落とす猟師はロシア、中国、北朝鮮である。仮にロシア軍が北方四島から根室に上陸してきた場合、日本がNATO（北大西洋条約機構）加盟国であるならば、NATO軍は当然、ロシア軍に反撃してくれるであろう。しかし、加盟国でもないうえに、2023年の広島サミットで「G7議長国」という立場で自ら金冠を被り、東ヨーロッパ戦線という遠い所への散財を公言したすずめ日本は、逆に自分で防衛しなければならない立場になってしまったのではないか。ロシアと平和条約を結ぶことは不可能となった今、根室沖は、今後非常に危険な地域になってしまったと言わざるを得ない。

すずめはすずめらしく、出しゃばって金冠を被るようなことはすべきではなかった。もしも一度は過ちを犯して見せびらかしてしまったのであれば、本来のあるべきふるまいを行うべきである。震災や台風など、毎年のように起きている自然災害で苦しんでいる人々への復興支援にもっとお金をつぎ込むべきではないだろうか。しかし、岸田政権には、そのような対応を見ることはできない。

時代の転換点にきている今、金冠を被ったすずめ日本は、これからどうすべきなのか？ウクライナ戦争のような国際問題においては、指導者の判断ミスが国家の浮沈に影響するということを、国民全員が危機意識を持って考えるべきではないだろうか。弱いすずめでありながら、金冠を被って見せびらかした日本。その国に生きる国民は、どうサバイバルし、蓄財をしていくべきなのか、さらに考えていきたい。

現状維持は衰退への道
——ユダヤ人の根本精神「レハレハ」とは

今あるものを捨てよ

約5000年前、エイブラハム少年は、現在のイラクのバグダッド、チグリス・ユーフラテス川の交わるメソポタミアの土地に生まれた。
エイブラハムの両親は、銅や土、木などの素材を使い、神様の形をした偶像を作ることを生業《なりわい》としていた。その土地は、様々な神々を崇《あが》め奉る「多神教の土地」だったのだ。

しかしエイブラハムは、どうしても両親の商売がしっくりとこない。何度考えても、

「いろいろな形の神様がいる」ということがよくわからない。そして地域の住民や旅人たちが、両親の作る神様の形をした彫像をかなりの高額で買っていくことにも納得ができなかった。彫像を購入した人々は、「これが神様だ」とばかりに手を合わせ、拝んでいる。では、その彫像が神なのか？ だから彫像は高額で売れるのだろうか？ そんなことでは、彫像を持っている人間のみが金持ちになるだけだ。それらの全てに疑問を持ったエイブラハムは、両親と口論ばかり繰り返していた。

　ある日、父親から店番を頼まれたエイブラハムは、商品として陳列されていた彫像、銅像、神様の形をした木像など全てを、ハンマーで叩き壊してしまった。

「なんということをしたんだ！」帰宅し、それを見た父親は、当然のことながらカンカンになって怒った。エイブラハムは反論した。

「お父さん、こんなものを売っているのはおかしくありませんか。お客さんは、お父さんが作った彫像をみな神様だと思って拝んでいますよ。神様はそういうふうに、形があるものですか。神様というのは、形がないものではないのですか」

「もう許さない！ 勘当だ、出ていけ！」

父親から勘当されたエイブラハムは、西を目指して旅を続けた。しかし、その旅の途中、神が呼ぶ声を聞いたのである。神はエイブラハムに向かって「レハレハ（Lech Lecha)」という言葉を投げかけた。それは、こういう意味だった。

「私はこの宇宙唯一の神である。エイブラハムよ。私の言うことを信じろ。前に向かって、自分のために進め。自分のために行け。故郷を離れろ。父親を捨てろ。母親を捨てろ。自分の生まれた生地を捨て、新しい土地に向かって、自分のために進め。西に向かって、遠く歩いていけ。私を信じるならば、お前と、お前の子孫は永遠に繁栄する。そして多くの子孫に恵まれることを約束しよう」

こうしてエイブラハムは、絶対抽象の存在である神を追い求める、神が認めた「ユダヤ人第一号」となった。

ユダヤの神に見出され、「ユダヤ教徒第一号の男」となったエイブラハムの話は、ヘブライ聖書の創世記・第12章第1節~17章27節に書かれている。

「はじめに」でも触れたこの「レハレハ（Lech Lecha）」の説話こそ、ユダヤ人が最初に教わる最も重要な教義であると言えるだろう。

「破壊せよ。そして、今あるものは全て捨てろ。父と母の元から飛び出せ。そして、できるだけ遠くを目指して、一人で旅立て」

ここには、「自分だけが得られる、自分だけのものを作り出すために現状を捨て、新天地を目指せ」というメッセージがはっきりと込められている。すなわち「現状維持をしない」ということは、ユダヤ人にとって非常に重要な教えであり、神から求められる宗教的基盤といえるわけだ。こうした絶対的な指針、背景が「イノベーション大国イスラエル」を生み出す素地となり、この「レハレハ」の精神が根付いているからこそ、金融をはじめ、ITでもサイエンスでも、情報産業、広告産業、エンタメ産業など、あらゆるビジネスシーンにおいて、ユダヤ人は次から次へとイノベーションを起こすことができるのである。

安逸《あんいつ》に過ごすな。安楽をむさぼるな。現状を否定して、新しいことを始めろ。具合の良い、保証された、収入のある、食事も用意してくれる安楽な現状を捨てろ。

このユダヤのベンチャースピリッツは、日本のビジネスパーソン、とくに大企業の技術者や会社員の考え方とは正反対ではないか、ということを改めて考えていただきたい。良い大学を出て、良い企業に就職し、良い給料をもらって、社員食堂では美味《おい》しいものを食べる。大手町やら丸の内やらの高層ビルの冷暖房がきいた場所で、給料も保証され、年金も保証される。そんな環境にいれば、現状を捨てて飛び出して、新しいこと、イノベーションを始めよう、という気にはなかなかなれないのではないか。

「イノベーションを起こすには、破壊的創造が必要」とはよく言われるものの、日本人はどうしても、その「破壊」ができない。創造は破壊の後にこそ生まれるものであるが、肝心の「破壊」ができないゆえに、日本ではイノベーションが生まれにくい。「今あるものを壊す」ということが、日本人にとっては難しく、苦手なのだ。

ひとつの例が、日本企業のカスタマーサービスだ。その多くはオンラインチャットでのＡＩ対応はあるものの、電話でのＡＩ対応は私の知るかぎり耳にしたことがない。アメリカの大企業ではすでに、カスタマーサポートに電話をする際、全てＡＩが自然な言葉で対応してくれる。例えば、こんな具合だ。電話をかけると、

「今日はどうなさいましたか」

「電話料金のことで確認したいんですけれども」

「料金のどのようなことでしょうか」

「今月の請求がちょっと間違っているんじゃないかと思って」

「どういった点でございますか」

……というように、非常にスムーズにＡＩが自然な言葉で対応してくれるわけである。

一方日本では、超有名企業のカスタマーセンターであっても、自然な言葉によるＡＩの音声対応はほとんど行われていないのではないだろうか。電話をしたことがある人はおわかりかと思うが、「○○について御用の方は1番。○○について御用の方は2番。○○について御用の方は3番を」となり、ひどいところは10番ぐらいまで聞かされて、4～5分ほど時間を取られる。最後まで聞いても聞きたいことがない、となって、やっと最後に「オペレーターと直接お話しになりたい方は0と#を」となる。

日本企業に、自然言語対応のＡＩを導入する技術がない、というわけではない。ではなぜ、ＡＩ導入が遅れているのか。それは、ＡＩ対応を導入することで、コールセンターで働く人々を大量解雇しなければならないからである。日本では組合の力も強く、簡単には人をクビにできないという労働環境の問題も、現状を壊せない理由の一つとして潜んでいる。

日本のコンビニに行くと、決済方法の選択の画面では、何十項目というペイメントシステムが出てくることは、みなさんもご存じだろう。ＱＲコード決済であれば、「PayPay」はじめ「メルペイ」「LINEPay」「auPAY」「d払い」「楽天ペイ」だとか、SuicaやPASMO、その他クレジットカード、現金等々、とにかくものすごい数の決済方法が出てくる。とはいえ支払う客にとってみれば、自分が普段使っている決済方法を選ぶだけなので、特に不自由を感じることはないだろう。しかしここでお伝えしたいのは、消費者にとっての便利・不便の話ではない。現金の管理も行う一方、同時に存在している多種多様な決済方法は、国民の与《あずか》り知らぬところで社会資本コストの増大に繋がっていることを指摘したいのだ。

例えばSuicaの場合、持っている人の多くは残高不足にならないよう、つねに5千円くらいをチャージしているのではないだろうか。仮にSuicaに5千円チャージしている人が2000万人いるとすると、ＪＲには1千億円が預けられているという計算になる。そしてこの1千億円は、「預り金」として会計処理される。預り金は収入ではないので、非課税だ。そしてコツコツと乗車券や商品を販売するよりも、一気にたくさんのお金が入ってくる。非課税な大金が一気に入ってくることが、企業にとっては大きなうま味となっているのだ。

そうしたわけで日本には各社がつくった決済システムが何十種類も乱立している。その結果、多種多様な何十種類ものキャッシュレス決済に対応するために、バカでかい機械を日本全国の様々な店舗に設置しなければならない羽目に陥った。コロナ禍をきっかけに、人との接触を避けるため、医療機関の窓口にも同様に導入せざるを得なくなっている。それらの莫大なコストは、消費者の目には見えてはいないだろう。

キャッシュレス決済推進の目標として、政府は2025年6月までに40%、将来的には80%の達成を見込んでいる。しかし実際はこのキャッシュレスシステム自体が混乱を生み、日本経済の足を引っ張っている。この事態を、政府は予測していなかっただろう。またその点に気づいている人も、ほとんどいないだろう。本来であれば、国が最初にシンプルなキャッシュレス決済のシステムを設計するべきだった。しかし、企業にとってうま味のある決済システムが雨後の筍のごとく乱立している現状を、もはや誰も止められなくなっているのではないか。

アメリカではコンビニでもどこでも、小型のクレジットカード読み取り機が普及しているため、いちいち決済方法を選ぶ手間もなく、じつに簡単でシンプルだ。ニューヨーク市の交通局も、数年前まではメトロカードというプリペイドカードを発行していた。けれどもニューヨーク市はそのシステムを廃止。現在はVISA、Masterのクレジットカード決済で、バスや地下鉄に乗れるようになっている。アメリカにしても、多くの現状破壊を繰り返した結果、現在のシンプルなペイメントシステムを普及させることができたわけだ。

日本では、なかなかそれができない（つまり、現状破壊・現状否定ができない）。だから最新のシステムの導入もままならず、現状に足を取られ、いつまでもイノベーションが起こらない。

こういうことは、数え上げたらきりがないくらい、日本企業のあちこちに見られる状況ではないか。では、日本のこの「現状維持スピリッツ」の根源はどこにあるのか。次項、別の説話とともに探っていこう。

形あるものにこだわるな

ゴールデンカーフ事件

モーゼは神の啓示を受けるため、40日40夜イスラエル人のもとを離れ、シナイ山に登った。

エジプトを脱出したユダヤ人たちは、指導者・モーゼが戻ってこないことを恐れ、モーゼの兄であるアーロンに、「モーゼが山にいる間に、黄金の子牛を作ってほしい」と求めた。アーロンはユダヤ人の金の耳飾りや装飾品を集めて金を溶かし、子牛の彫像を作った。

モーゼが神の啓示を受け、十戒が書かれた石板を持って降りてくると、彼の帰りを待ちきれずにいたユダヤ人たちは、あろうことか、自分たちの金の財宝を溶かして子牛の彫像を作り、「これこそ神だ」と崇め奉る儀式をやっているではないか。ユダヤ教徒であれば、あってはならないこの光景を見たモーゼは怒った。

「お前たちは、何ということをやっているんだ！ 〝偶像崇拝をしてはいけない〟という神からの啓示をもらって今、シナイ山から降りてきたところだ。しかし、お前たちこそが偶像崇拝をやっているじゃないか」

「こんな奴らは、もう信用できない」とばかりに、モーゼは神から授かってきた十戒が書かれた石板をユダヤ人たちに投げつけた。「そういうやつらは死んでしまえ！」と言った途端、偶像崇拝者たちの立っていた地面は真っ二つに割れ、全員が地中に吸い込まれ、本当に死んでしまった。

「たとえユダヤ人であっても、偶像崇拝をする者を神は許さない」
そのことを教える有名な物語が、ヘブライ聖書にある、この「ゴールデンカーフ事件」だ。

世界の6大宗教（イスラム教・キリスト教・ヒンズー教・仏教・神道・ユダヤ教）の中でも、私が信仰するユダヤ教は、徹頭徹尾、偶像崇拝を禁止する宗教である。それこそがユダヤ教における一神教のエッセンスであり、形あるものを崇拝する多神教の国・日本とは大きく異なる点と言えるだろう。一神教＝「一つの神を信ずること」と解釈している人が多いが、ユダヤ教においては一神教とは「偶像崇拝を禁止する宗教」というのが正しい解釈である。

一方、多くの日本人にとっては、仏教などをはじめとした偶像崇拝の宗教が生活に浸透している。大仏様やお釈迦《しゃか》様をはじめとする仏像を崇め奉る。長い歴史をかけて、そうなっていったのである。ユダヤ人は、現状破壊を求める宗教を指針として生きる民族であるが、日本の仏教は破壊を許さない。どこの寺社仏閣に行っても神体や本尊がある。

数え年で七年に一度、御本尊と同じお姿をした前立《まえだち》本尊を公開する善光寺の御開帳の際などは、全国から信者が集まってくる。みなさんもお寺を訪れた際にはお釈迦様を見て、

「ああ、何とやさしいお顔であろう。あの目の形がじつにおだやかで美しい」などという印象を持つだろう。仏像がないところに仏教なし、である。

一方ユダヤ人は、5000年の民族の歴史をかけ、「偶像崇拝をしてはいけない」「形あるものを崇拝してはいけない」=「偶像は叩き壊せ」というレハレハの精神を神から学び、目には見えない「抽象思考と言語能力」という特技を身に付けることになった。

偶像崇拝が中心の宗教は、「形あるもの」「目に見えるもの」に非常に強い執着を持つ傾向がある。しかしユダヤ人は、ものの形にこだわるという思考が一切ない。神というものはどんな形をしているのか、ユダヤ教では示されたことがないからである。従ってユダヤ人は、全ての物事を抽象的に捉える。ゆえに抽象的な概念や哲学的な思索、言語、音楽など、目には見えないジャンルで、大きな力を発揮することができるのである。

抽象的な理論や目に見えないものに強みを発揮し、成功した代表的なユダヤ人は枚挙にいとまがない。

最近の超有名なユダヤ人といえば、「はじめに」でも触れた、生成人工知能ChatGPTを開発し、世界を席巻したOpenAI社のCEOサム・アルトマンだろう。そしてグーグルの創業者ラリー・ペイジも、アルゴリズムという抽象的なコンピューター言語から、検索エンジンというシステムを作った。マーク・ザッカーバーグはハーバード大学在学中にフェイスブックを立ち上げた。遡ると、ラバイ（ユダヤ教の聖職者）の家庭で生まれた哲学者で『資本論』を書いたカール・マルクス。精神分析を創始したジークムント・フロイト。相対性理論を説いたユダヤ系ドイツ人の理論物理学者、アルベルト・アインシュタイン。ベトナム和平を実現したパリ協定の締結によってノーベル平和賞を受賞した国際政治学者のヘンリー・キッシンジャーもユダヤ人である。

ユダヤ人の共通点、そしてイノベーションの詳細は第三章「混乱の時代にこそイノベーションを起こす」で後述するが、偶像崇拝を徹底的に禁止する宗教がそれらを生み出したのである。そして、抽象思考の最たるものとして経済学があり、ノーベル経済学賞はユダヤ人が多数受賞している（日本人の受賞者はいない）。

情報、理論、数学、物理学。こうした抽象的なジャンルに特化しているユダヤ人に対して、形の細部に大変なこだわりを持つ日本人は、製造業などの現場主義に強みを見出していった。こと「イノベーション」というテーマにおいては、この違いは決定的であろう。

かつて日本は細かい工場の部品の配置や在庫の配置を工夫し、仕上がり、操作性能等にこだわり、安くて良い製品を生み出してきたけれども、今はそれだけでは富を生み出すことは難しい。ＩＴやサイエンスのジャンルが富を集める現代社会においては、自分たちの持つ特性をより俯瞰《ふかん》し、再検討する時期を迎えているのではないだろうか。

ノアの方舟の物語に学ぶ①
ユダヤ人の「究極の選択」とは

ノアの方舟の物語

神は、この地上に満ち満ちた欲深い人間どもを懲《こ》らしめるために、40日40夜、土砂降りの雨を降らされた。

雨はついに、当時の世界最高峰と言われたアララト山の山頂まで届く大洪水となり、人類は絶滅の危機に陥った。

しかし、神はこの地上に大洪水を起こされた時、ノアの方舟《はこぶね》にだけは、方舟を造ったノアの3人の息子と、それぞれの妻の男女カップル、そして動物も牛は牛の雄と雌、羊は羊の雄と雌、鹿の夫婦、ライオンの夫婦、ネズミの夫婦、鳥も全て「つがい」で乗せられた。あらゆる動物、あらゆる生命、これらは全て神が天地創造の時につくられた動物たちである。それらはみな、ノアの方舟に乗って難を逃れたのだ。

神がこれら「つがい」を乗船させ、最後に「善」が方舟に乗ろうとしてやって来た。しかし神は「つがいでしか乗せない」と言われ、「善」の乗船を拒否された。そこで「善」はもう一人の「善」を連れて来たのだが、神は「善と善はつがいではない」と言われ、再び乗船を拒否された。

そこで頭を抱えた「善」は、やむなく今度は大嫌いな「悪」と手を繋いでやってきた。

すると神は「よし。善と悪とはつがいだから、乗ってよろしい。正と邪も、乗ってよろしい」と乗船を許された。

みなさんもよくご存じの「ノアの方舟」は、ヘブライ聖書の物語である。

堕落に堕落を重ねた人間の世界に対し、大いにお怒りになった神は、あっという間に山の頂上を越えるほどの大洪水を起こされた。しかし神はその時、まだユダヤ人として認められる前だったにもかかわらず、ノアという男の一家だけは、この大洪水から救ってやろうとお考えになったのだ。ノアは、ユダヤの神に対して敬虔《けいけん》な男であったため、その忠誠心を見込まれた、というわけである。

ある日、ノアのもとに、「聞け」という神の声が届いた。そして、「この設計図通りの船を造れ」と告げた。神を尊敬していたノアは、森の木を切ってきては、毎日コツコツと船を造った。ヘブライ聖書によると、「150年かかった」と書かれている（当時の人間の寿命は、「300年ぐらいだった」と書かれてあるので、人生の半分以上をかけ、ノアは巨大な方舟を造ったことになる）。

さてこの物語は、ユダヤ人が非常に注目し、勉強し続けている一節でもある。この物語には二つの蓄財術のヒントが込められているのだが、その一つ目は、「善」と「善」が手を繋いで乗船しようとした時には、「お前たちはつがいじゃない」とノーを告げた神が、「善」と「悪」が手を繋いでくると、「よし通れ」と言って良しとされた、という場面にある。

神はなぜ、「善」は「善」と手を繋いでいたのでは救おうとせず、「悪」と手を繋いでこそ、「良し」とされたのだろうか。日本的な感覚から言えば、「善」は「善」と入ってくるのが当たり前ではないか、となるところだろう。

では、この物語の中から、ユダヤ人はどのような蓄財のエッセンスを学んだのだろうか。それは、こういうことである。一人の人間の中には、「善」と「悪」が同居している。うまい話に騙《だま》されて、資産を失ってしまうケースは山程あるが、最も気をつけるべきは、人間が「悪」の部分を出してきた時だ。けれどその一方で、「善」の部分が出てくることもある。だから、やたらと人を遠ざけてはいけない。人の中にある「善」を遠ざけたがために、財産を築くチャンスを失った例も多くある。つまり、「善」と「悪」はつねにペアを組んでいる。そういうふうにユダヤ人はこの物語を読み、蓄財の基本を学ぶ。

日本では、政治家や実業家が、善人とも悪人とも均等に付き合うことを「清濁併せ呑む」と表現するが、ヘブライ聖書が教えているのは、それとは一線を画している。要するに、善人も時には悪人になるし、悪人も、たとえ同じ人物であっても時には善人になるものだ。だからユダヤ人はつねにそのことを念頭に置いて、用心して人付き合いをする。用心をしなければいけないけれども、偏見を持って接してもいけない。

「この人はいい人だ」と思って付き合っていても、簡単に裏切られることがある。「こんな悪いヤツ、近寄る気もしない」と思っていた人間が、困った時にお金を恵んでくれることもある。「善」と「悪」がペアであるということの真理は、「人の見抜き方にある」というわけだ。

ノアの方舟の物語に学ぶ②

神以外、離してはならない

ノアの方舟の物語に学ぶ、二つ目の蓄財術として、「この世界の全ては、神によって作られている」という視点がある。

事実、ヘブライ聖書の教えには、「汝、神が結ばれしもの、人これ離すべからず」という言葉もあるほどで、これは「神が作られたものは、神以外、それを離す（分離する）ことはできない」という意味を指している。じつはここには、重要な科学の真理が隠れている。

この教えから神と対話し、核分裂を発見した二人のユダヤ人がいる。オーストリアのユダヤ人家系に生まれたリーゼ・マイトナー（ベルリンの物理研究所、カイザー・ヴィルヘルムの教授）という女性の物理学者と、その甥《おい》のオットー・ロベルト・フリッシュ（ケンブリッジ大学教授）という物理学者で、二人は1938年12月のクリスマス休暇の時、

「原子核は二つに分かれるという現象があるのではないか」と議論する。そして核分裂反応の現象を理論的に解明し、「ニュークリア・フィッション（核分裂）」という言葉を作ったのだ。

原子力発電の燃料になる天然の「ウラン235」は、中心にある原子核に中性子があたると原子核が二つに分裂し、その際に膨大な熱エネルギーが発生する。

難しい話はともかくとして、それまでの科学の世界においては、「一つの物質が二つの物質に引き裂かれて別々の物質となり、その時にエネルギーが出る」ということは、およそ常識ではなかった。

しかし、神が結びつけられたものであるウラン235が核分裂を起こすという現象について彼らが至った結論は、「これは、神の摂理に反しない」だった。なぜなら、核分裂を起こしたウラン235は自動的に、自律的に核分裂を続けていくという現象を発見したからである。神が作ったものは離してはならないが、自律的に分離したものは、もはや神が結びつけられたものではない。この現象の発見（核分裂のコントロール）により、原子力発電が可能になったというわけである。ヘブライ聖書の教えから導かれた、サイエンスの大きな成果と言っても過言ではないだろう。

この二人が発見した現象の原型は、もうおわかりの通り、ヘブライ聖書に書かれてあったノアの方舟の物語にある。

「ノアの方舟に入るためには、つねに〝A〟という物質と、それに対をなす〝B〟という物質が、手を繋いでいなければならない」と神は仰せられた。

けれども、じつは物語にはまだ続きがあるのだ。神はさらに、「入ってくる時はペアでなければならないが、大洪水の後、神が提供された新たな世界に入っていく時は、もうペアでなくても構わない」とされた。

大洪水が起こる前の従来の世界では、「つねにペアでなければならない」とされた。けれども、新しい世界に到達した後では、もう「バラバラになってもよい」のである。神はこのことを通じて、どんな啓示を我々に与えられているのだろう。リーゼとオットーという二人のユダヤ人科学者も、実験室の中でその理由を必死で考えて、それが核分裂の発見に繋がった。

ユダヤ人は、さらにこう考えた。

「核分裂で生まれる莫大《ばくだい》なエネルギーをコントロールすることで、人間はそれを新しいエネルギー源として利用できないだろうか?」

そこからまた研究が始まり、今度は「核分裂のコントロール」という技術、すなわち今の「原子炉」を生み出すことに繋がった。つまり神は、ノアの方舟という物語に託して、原子炉というものを我々ユダヤ人に教えてくださったわけである。

このように、サイエンスとは、神がユダヤ人に投げかけられた「難問を解くための道具」と言える。

道具はそもそも人々の役に立つように使うべきものだ。それなのに、人が人を殺すために利用するのは、決して許されることではない。間違った政治家たちが開発を進めさせた原子爆弾が神の教えに反するものだということは、誰の目から見ても一目瞭然だろう。

リーゼ・マイトナーとオットー・ロベルト・フリッシュは、核分裂の発見から、「物理学の母と父」とも言われている。この発見が、原子力発電所のエネルギーとして、重水《じゅうすい》の中で核分裂を制御することによって得られる電力に繋がっていった。

その後、ユダヤ人大虐殺を行ったナチス・ドイツのヒトラーが核爆弾の研究に着手したが、それはヘブライ聖書に書かれた「バーニングブッシュ（Burning bush）」とは、本質的な意味合いが大きく異なる。バーニングブッシュとは、神がモーゼに対して見せた「燃えているのに燃え尽きない低木」という現象を表しているが、それは大量殺りく兵器の製造を示唆するためのものではなく、原子力や電力などの新しいエネルギーを創造するためのヒントとして我々人間にお見せになったもののはずだ。

神は時々、人類が今まで経験したことのない、常識では考えられない科学現象を起こす。モーゼは「バーニングブッシュ」によって神の声を聞き、リーゼとオットーもやはり「ニュークリア・フィッション」という神の声から、物理学上の大発見をすることになった。

重要なことは、神が時々お見せになる創造のヒントに対して、いかに謙虚に科学的探究心を持って近づくか、である。

究極の選択で、自己決定をする

神のテスト

エイブラハムとサラの第1子に、アイザックという男の子がいた。アイザックが10〜11歳ぐらいに成長してきた頃に、神はエイブラハムに告げられた。

「エイブラハムよ。お前の最愛の息子のアイザックを連れて山に登れ。そしてアイザックを木の幹に縛りつけろ。その下に枯れ木を敷き詰めろ」

神を心から信用していたエイブラハムは、言われるがままにアイザックを連れて山に登っていった。

これを見ていたサラは、慌てふためいた。エイブラハムが神に言われて息子に何をするのか。ひょっとしたら、大変なことを神から要求されているのではないか。母親の直感から、真っ青になってパニックになった。

けれども、そうとは知らないエイブラハムはアイザックを木に縛りつけ、その下に枯れ木を敷き詰めた。すると神はエイブラハムに「枯れ木に火をつけろ」と告げ、そしてさらに言った。

「お前の持っているナイフを、お前の大切な息子に向かって振り下ろせ」

エイブラハムは、神の要求に対して全く疑いもせず、火をつけ、ナイフをまさに今、振り下ろそうとした。その時に、神の声が聞こえた。

「やめろ。それ以上ナイフを動かすのではない。よくわかった。お前の信仰心の深さ、忠誠心は今こそ証明された」

神はエイブラハムに、「アイザックの代わりに、羊を生贄《いけにえ》にせよ」と告げた。

「ノアの方舟」の物語では、「一人の人間の中には、善と悪が同居している」という教えをお伝えした。では、今度はそれをどう見分けたらいいのか。そこで次の学びへとタルムードの議論は移っていく。

ユダヤ人は、ヘブライ聖書に書かれていることは全て、自分のこととして読む。子どもの頃から何度も読み聞かされるこのエイブラハムとアイザックの物語も、「神は息子のアイザックを生贄《いけにえ》として捧げることを、エイブラハムに望んでいたわけではない」とは知りながらも、読む時は毎回、それこそ心臓が飛び出さんばかりに動転し、真剣になって考えるわけである。

神は、本当にギリギリの寸前まで、エイブラハムには息子にナイフを振り下ろすところまでやらせてみる。そこで、このエイブラハムという男は本当に神の忠実な教えを守るユダヤ人なのか、その忠誠心の証《あかし》を見ようとしたのだ。

その時、エイブラハムにはどういう選択があったのか。まさか自分の息子を殺すわけにはいかない。親としてそんなことは耐えられないので、「神の命令には従わない」という選択と、息子を殺す、つまり「神の命令に従う」という選択。これがヘブライ聖書を通じてユダヤ人に課せられた、最初の「究極の選択」である。

現代でも、人を見分けようとする時には、いわゆる「試し行動」をすることがあるだろう。けれども、「お試し」「カマをかける」といった程度では、相手の本質まで見抜くことはできない。とくに、相手が絶体絶命のピンチに追いやられた時にこそ、「本当の友」か「裏切り者」か、その判断基準が生まれる。実際、大企業のリーダーたちもまた、部下に対して究極の選択を迫り、忠誠心を試すことがある。

イーロン・マスクはツイッター（現・X）社を買収した時、社員に究極の選択を迫った。それは、「言論の自由をもっと導入して、ツイッターに流れる情報の統制の枠を外せ。審査を緩めろ。それが嫌なら辞めろ」という選択だった。アマゾン創業者で元CEOのジェフ・ベゾスも「これまでのシステムは全て使わず、新たなAWS（アマゾン独自のクラウドサービスプラットフォーム）で仕事をするか、辞めるかを選べ」ということを迫った。アマゾンの社員はそれまで、自分のパソコンのローカルネットワークでデータを蓄積し、仕事をしていた。けれども、「それは全部やめて、AWSのクラウドでやれ」と命令したわけだ。ふたりともユダヤ人ではないが、要はイーロン・マスクもジェフ・ベゾスも、「私に従うか、辞めるか。どちらかを選べ」と社員に究極の選択を迫り、自分についてくる人間かどうか、ふるいにかけたわけだ。

ユダヤの説話には、究極の選択を迫るものが多い。例えば、「君が砂漠を旅していると して、水筒には、あと1日分の水が残っている。その時に、砂漠の中で行き倒れの人に会った。その人は、〝死にそうだから、水を分けてくれ〟と言った。水を分けてやると、自分は次のオアシスまで到達できない。しかし分けてやらないと、その人は死んでしまう。さて、君はどうするか」などといったものだ。

こういったタルムードの議論には、つねに「正解」というものはない。答えはないけれども、究極の場面で人間がどう反応するかの基準は（つまり本当の善人なのか、悪人なのかの分かれ目は）、「神に対して、すなわち自分に対して、どれだけ忠実になれるのか」ということで決まっていく。必ずや神が民族の繁栄を約束して下さっているからこそ、「神の命令に従うことが最善である」と考えるわけである。

一方、現代の日本人には、生き残りをかけた究極の選択を迫られる場面はほとんどないだろう。もしも神から、「自分が最も大切にするものを捨てろ」という選択を突きつけられたら、あなたはどうするか。現実の我が身に照らして、頭を掻《か》きむしらんばかりに考えねばならないが、実際にはそういう経験は非常に少ないはずである。

しかしそのような経験の有無こそが、ユダヤと日本との大きな違いを生んでいるのだろう。ユダヤ人はつねに、「神か」「自分の最も大切なものか」の二者択一を迫られた時にはどうするかを念頭に置いている。「究極の選択を求められることがあるかもしれない」という、緊張感ある日常生活を送っている。こうした日常が、ユダヤ民族5000年の継続の根源、コアなエネルギーとなっているからこそ、重要な場面で、「どちらを選べばよいのかわからない」という迷いは生まれない。神が「良し」とされる絶対的な答えを、ヘブライ聖書のもと、みずからの頭でひねり出していくからである。

#「第一次選択権」は、相手に先に渡す

ロトの選択

エイブラハムは甥《おい》のロトを連れて、約束の地「カナン」を目指して、イラクから西に向かって旅を続けていた。

エイブラハムは多くの財産や、家畜の群れを持っていた。ともに旅をしていたロトも同様に、羊や山羊、牛の数をどんどん増やしていた。

旅の途中のある時、このままではエイブラハムの家畜も、ロトの家畜も、「十分な牧草を食べられない」という状況になる。

そこでエイブラハムはロトに向かって提案した。

「親戚同士で争うのは良くない。ここで別れよう」

そしてさらに、

「ロトよ。東に行くか、西に行くか、どちらに行くかお前が先に決めてよい」

と選択権も与えた。

ロトは、東部一帯に広がるジョルダン（ヨルダン）川周辺の肥沃《ひよく》な平地を見た。

「東に行きます」

当然ロトは、ジョルダン平原の土地を選んだ。

ロトが去った後、荒廃したカナンの土地を選んだエイブラハムに、神はこう約束したのである。

「さあ、目を上げなさい。お前がいる場所から、東西南北を見渡しなさい。見渡せる限りの土地をお前に与えよう。子孫を、砂のように数え切れないほど、与えよう」

「選択を迫られた際にはどうするか」を示唆するものとして、このエイブラハムとロトの説話もまた、ユダヤ人には有名である。

争いを避けるため、どちらがどちらの方向に行くのか。この時のエイブラハムの決断は、「ユダヤ人の究極の選択における一つの参考例」として、家庭教育でも、あるいはシナゴーグ（ユダヤ教の会堂）での教育でも、多く語られている。

二人の人間がある物事で争っている時、ユダヤ人の常としては、エイブラハムとロトのように「分断する」ことを選ぶ。日本には、「和をもって尊しとなす」という聖徳太子が制定した十七条憲法の教えがあるせいか、分断するというと、「争い」とか「間違ったこと」のように捉えられがちだ。けれどユダヤでは、分断は神が決めた正しい選択であり、エイブラハムはその教えの通り、旅を共にしてきた相手とも「ここで別れよう」という結論に至る。

分断の際の一番のポイントは何かというと、お互いにとってウィンウィンの選択をする、という点である。すなわち、取引をする双方に利益がある選択はどういうものかを考えるわけだ。

国際的なビジネスの契約交渉には、「Right of First Refusal」（優先選択権）という言葉がよく登場する。これは、「最初に選択する権利をどちらが持つか」と訳されるが、ヘブライ聖書はエイブラハムとロトの物語を通じて、この優先選択権を「相手に与えろ」と教えているのである。

つまり、緑あふれるジョルダン平原を選ぶか、それとも荒廃したカナンの土地を選ぶのか。それは誰の目から見ても、十分な牧草が生えている広大なジョルダン平原を選ぶ方がいいに決まっている。けれどもそれを争ってしまえば、最悪の場合、両方共倒れになってしまいかねない。コインを投げて、「裏か」「表か」で決めるという方法も、ユダヤ人にとっては合理的な選択にはならない。コインを投げてまずい目が出てきた人間の側に、恨みが残ってしまうからだ。そこでエイブラハムの取った選択は、「ロトよ、お前が先に好きな方の土地を選べ」となったのだ。

結果、エイブラハムは荒廃したカナンの土地を選ぶ。このカナンの土地とは、後のイスラエルのことである。ロトが選んだジョルダン平原の方は、やがてムスリム（イスラム教徒）の起源の地となっていく。ロトが選んだジョルダンは、今や大平原どころか、大油田を持っている。一方ユダヤ人は、エイブラハムが選んだイスラエル、すなわち石油は一滴も出ないパレスチナの地に住むことになった。

ユダヤでは、なぜイノベーションが起こるのか。それは、この説話のなかに答えが隠されている。豊穣の地であり、石油という地下資源に恵まれている地を、ロトすなわちジョルダンに渡したユダヤ人は、草木が1本も生えない荒涼の地を選んだ。そのおかげで、灌《かん》漑《がい》の技術を必死になって開発し、今やイスラエルは、緑豊かな農業先進国に生まれ変わっている。イスラエルにはほぼ全ての圃場《ほじょう》にドリップ灌水システムが整備されており、それをベースに、ドローンや収穫ロボットなどを活用して収量を上げている。国土の半分以上を砂漠が占める国でありながら、近代的な農業を実現させたのだ。

その起源は、みずから貧しい土地を選んだエイブラハムに遡る。ロトに優先選択権を与えたからこそ、ユダヤ民族は後に、イスラエルのイノベーションという神の祝福を大きく引き寄せることに繋がった。

一方、欧米の帝国主義（インペリアリズム）は、「自分が全部独り占めにする」というやり方である。相手に選ばせることなく、全て自分が吸い上げる。イギリスによるインドの植民地化やオランダによるインドネシアの植民地化、スペイン・ポルトガルによる南米大陸の植民地化も然《しか》りで、全て収奪していく。しかし、ユダヤは相手に選ばせる。不利な方が手に入るけれども、足りない部分は、智恵と頭で補おうという民族性が、今日の発展に繋がっている。

「優先選択権を相手に与えた方がその後いろいろとうまくいく」という教えは、ユダヤ人のみならず、一般論としても言えることだろう。一旦は不利益を被ることになるかもしれないが、その後の長い発展に繋げるためには、相手に先に与えた方がよい。なぜならば、不利益を土台にすると、そこからは自分で努力するしかない。その努力が、相手が得たものとは違う、それ以外の繁栄を手にすることにつながるのだ。

「葡萄」を手放さない日本人

きつねと葡萄《ぶどう》畑

ある日、きつねが葡萄畑のそばを通りかかった。あまりに美味しそうな葡萄がたくさん実っているのを見て、きつねは畑に入って取ろうとした。

ところが、葡萄畑の周囲はしっかりと柵に囲まれていて、太ったきつねは隙間から入ることができない。そこできつねは考えた。

「それならば、空腹をがまんして、今よりも痩せて、柵の隙間を通れるようにしよう」

きつねは、餌の野うさぎを狩るのをやめて、自分の巣の中に7日7晩籠もって、空腹をじっとがまんした。ようやく柵の隙間を通れるぐらいまで痩せてきたので、巣穴から出て、葡萄畑の柵をすり抜け、葡萄にありつくことができた。

葡萄があまりに美味しいので、きつねはついつい夢中になり、3日3晩かけて何房も食べ続けた。そして、なっていた葡萄を全て食べつくしてしまった。

我に返ったきつねは、お腹がパンパンに膨らんで、柵を通り抜けられない状態になっていることに気づいた。このままここにいては、猟師に見つかってしまう。そこできつねは、二つのオプションを考えた。

オプションAは、苦しいけれど、食べた葡萄を全て吐き出して、胃袋を空っぽにして元に戻す。

オプションBは、猟師に捕まるリスクを冒して柵の中に留まる。葡萄の木の間に身を隠し、入った時と同じように痩せるまで待つ。

さて、きつねはどうすればいいのだろうか。

ユダヤ人にとって、民族5000年の歴史は、そのまま「逆境と選択の歴史」でもあった。

様々な宗教戦争、そしてナチスによる迫害から逃れて生き残るため、常に様々な選択を迫られてきたユダヤ人は、つねに「A」なのか「B」なのか、決して「ふんわりと」ではない、「生きるか・死ぬか」の究極の選択を行ないながら生き延びてきたのである。そういったユダヤ人の選択についての考え方は、混乱の時代に突入した日本人にとっても、学ぶところが多いのではないだろうか。

この「きつねと葡萄畑」は、ユダヤの家庭で親から子へと語り継がれる、多くの説話の一つだ。きつねは7日7晩断食をし、ガリガリに痩せて首尾よく柵の間を通り抜け、たわわに実った葡萄を3日3晩食べ続けた。猟師に見つからないうちに逃げようとしたら、今度はパンパンに太ってしまい、お腹が邪魔して柵から出られない。

さてどうしたものか。

ユダヤ人の親は、わが子にはこうしたお話を使いながら、選択の智恵を授ける。子どもたちが将来、苦難のどん底に陥り、究極の選択を迫られた時のことまで考えて、家庭教育を行うのである。日本では、受験競争に勝つための勉強は教えるが、こうしたサバイバル術を子どもに伝える親は少ないのではないだろうか。

きつねに与えられた二つの選択に対して、あなたならどうするだろうか。

日本には、「毒を食らわば皿まで」ということわざがある。これは、「いったん罪を犯した以上、後戻りはできないのだから、ためらうことなく悪に徹せよ」という意味だが、そういった「一か八か」の考え方を持つ人は、おそらく「オプションB」の「そのまま柵の中に留まる」という選択をする人が多いのではないだろうか。「オプションA」の「せっかく食べた葡萄を全て吐き出す」のでは、何のために命がけで柵の中に入ってきたのかわからない、と考えるからだ。

しかし、せっかく手中にした果実ではあるけれど、ここは全て手放した方が、猟師に殺されるリスクは減る。「オプションA」の選択を取った方がじつは合理的だが、さて、日本はどうだろうか。

第二次世界大戦に突入した時の日本政府を思い出していただきたい。食べた葡萄を吐き出さず、「一か八か」で柵の中に留まった。ここで言う葡萄は、せっかく手中にした満州などのことだ。アメリカから、「それらを諦めて手放して、柵の中から出てこい」と要求されたけれども、日本は「オプションA」を選ぶことはしなかったわけだ。この時「オプションA」を選んでいたならば、歴史は大きく変わっていただろう。

「オプションC」を考えろ

さて、ここからが本題である。「オプションA」か「オプションB」かの二択で言えば正解は前者であるが、ユダヤの子どもたちは様々な家庭教育を積み重ねてきているため、物語の前提から疑ってかかる子も多い。つまり、「オプションA」でもなければ「オプションB」でもない、「オプションC」という選択を考えつくこともできるのだ。

この場合の「オプションC」とは、どういうものか。

「リスやイタチ、あるいは小鳥たち、誰かにお願いして葡萄を取ってきてもらう」というのが、よりユダヤ的で、素晴らしいとほめられる解答である。つまり、果実にありつくためには、みずからを命の危険にさらすことなく、第三者に物事を委託するのである。もちろん委託料は支払わなければならないが、ユダヤの子どもたちはつねにこういった「オプションCを考えろ」と言われて育つ。ビジネスに例えると、それはサブコントラクト化（外注や下請け契約）に当たる。

今までの日本は、多くの企業が自社開発、自国の技術にこだわってきた。外部に物事を頼み、その技術を「使わせていただく」ということを「潔し」とはしなかった。自社開発をしたがために、その技術にこだわって、さらに先にある新しい技術を導入することも怠った。そのため、様々なジャンルで開発が遅れ、日本企業はマーケットシェアを取り逃す事態に繋がっていってしまったのだ。その最も顕著な例は、ハイブリッドカーから電気自動車（ＥＶ）への転換の遅れだろう。

ユダヤ人は、「一か八か」という無謀な選択はしない。自分の身はリスクにさらさず人を使って分け前に与《あずか》るという、ある意味においては非常にずる賢い選択をする。生き残るために、ユダヤ民族はそう教えられてきたからである。

使われた側はリスクにさらされるわけだから、ある程度の報酬（葡萄の分け前など）は小鳥やリスに与えなければならない。しかし最も大きな報酬、大きな果実を得るのは、小鳥やリスに「取ってきてくれ」と頼んだきつねだ。

アップル社も、製品のグランドデザイン（全体構想）は自社で行うが、生産のほとんどは他社に委託している。つまり、自分たちでは何も作らないのだ。

日本企業には、「どうしても、自分たちでもの作りをしたい」という根強い考えがある。

そのため、日本企業はなかなかアップル社のような選択ができないが、ユダヤでは多くの企業が自社ではなく、海外に優秀な人材を見つけて委託生産することで成功している。その背景にあるのはこの「きつねと葡萄畑」の物語であり、ユダヤ人の多くがこの説話を通じて、逆境を生き抜く智恵を学んできたのである。

過越祭《すぎこしのまつり》から生み出された「プロジェクトファイナンス」

ユダヤ民族には、金曜日の日没から土曜日の日没までは、仕事をしてはいけないという戒律がある。

さらに「過越祭《すぎこしのまつり》（ペサハ）」と言われる宗教的記念日（モーゼが奴隷として苦しんでいたユダヤ人たちを連れ、エジプトを脱出したことを記念するユダヤ教の行事）の1週間は、発酵食品を食することも見ることも、自宅の中に置くことさえ禁止されている。ヘブライ聖書によると、エジプトから脱出する際、モーゼがせかしたためにユダヤの民はパンを発酵させる時間がなく、酵母菌を持って行くことすらできなかった、というエピソードに由来している。

ユダヤの特別なお祭りの期間は、こうした宗教上の制約がいたるところにあるのだが、その期間はあらゆる場面で、仕事を「アラブ人におまかせする」ということで、ユダヤ人は乗り越えている。

例えば、ニューヨークで病気になり、入院した場合はこうだ。ニューヨークではユダヤ人の医師が多く、彼らは金曜日の日没から土曜日の日没までは必ず休む。ユダヤ系の病院ではエレベーターも動かないほどだ。では、急病人が運ばれてきたらどうするのか？　そこで登場してくるのが、異教徒の医師というわけだ。イスラエルのホテルでも、「金曜日の日没から土曜日の日没まで働きません」と言って、宿泊客を追い出すわけにはいかない。そのため、アラブ人にフロントに立ってもらったり、食堂を運営してもらったりして、乗り切っている。

前述の酵母菌の話についても、同様のことがある。イスラエルには多くのパン屋があり、一般家庭でもパンを焼く習慣がある。けれども過越祭の1週間はパンを焼くことは許されない。我々ユダヤ人は、酵母菌不使用のクラッカーのようなカリカリのパンを食べてその間を凌《しの》ぐのだが、ではパン屋を営むユダヤ人はどうすればいいのか。1週間も閉店するわけにはいかないため、その時もやはりアラブ人に頼み、その間だけ、パン屋の経営をお願いするわけである。

このような宗教上の制約から、我々ユダヤ人はアラブ人に仕事をまかすために、「買戻し権付き営業譲渡」という方法を編み出した。これが発展し、ユダヤの金融ビジネスの原型となったわけである。

過越祭の1週間は店をアラブ人に売り、そのまま彼らにおまかせする。しかし、儀式が明けたら買い戻す。アラブ人に売った金額よりも、10％高い値段で店を買い戻すので、アラブ人にも10％の利益が入る。そして買い戻したユダヤ人も、また元の仕事にスムーズに復帰できる、というわけだ。

これは、いわゆる「プロジェクトファイナンス」という方法だ。ユダヤのエンジェル投資家は「アイデアも技術もあるが、資本がない」という有望な人物を見つけたら、「経営はあなたにおまかせします。設備から土地から何から、必要なら全てこちらが提供します。でも、あなたのビジネスがうまくいって儲かったら、あなた（経営者）に会社を買い戻していただきますよ」という買い戻し特約つきの契約を結んで、スタートアップさせる。ベンチャーの経営者は資金がなくてもスタートアップができ、初めからリスクヘッジがされている。だからこそ、ユダヤのベンチャーキャピタルやエンジェル投資家は、「この経営者は成功するだろう」という人物の選別眼を身に付ける努力をしなければならない。シリコンバレーよりもイスラエルにエンジェル投資家が多いのは、そういった背景があるからだ。

エンジェル投資家は、先見の明で目を付けたイノベーターに全てを提供する。資金調達をし、経営者に事業の運営をまかせながら売上げの10％程度を払ってもらう。そうして事業が成功したあかつきには、経営者に会社を買い戻してもらうオプション権を持っておく。経営者は自分で資金を負担することなくリスクなしで事業を拡大できる。そうすることで、投資家と経営者はウィンウィンの関係になれるわけだ。つまり、ユダヤのスタートアップは、ユダヤ教という制約があるからこそ、活性化していると言える。

一方日本にはユダヤのような金融方式がなかったため、ベンチャーが生まれにくかった。例えば日本電産（現・株式会社ニデック）の創業者・永守重信氏がモーターメーカーを起業しようとした時に、資金繰りに困った話はよく知られている。あちこちの銀行に融資を頼みに行った結果、地元の企業だからということで京都銀行がお金を貸してくれることになったのだが、多くの銀行では、「貸してあげてもいいけれども、担保はありますか」と問われた。日本の金融は、ベンチャーの創業者には必ず担保を要求するからだが、当時の永守氏は資金がなく、担保にする家屋敷もなかった。

これに対して、ユダヤのベンチャーファイナンスは、担保などは全く要求しない。要求するのはその人物の経営能力だけ。「能力があるなら、お金を出します。おやりなさい。その代わり、うまくいったら、優先株を売却させてもらいます」という、至ってわかりやすい仕組みになっている。

繰り返しになるが、ユダヤには宗教上の制約がある。また、究極の選択を迫られる民族だからこそ、生き残るためのシャープなビジネス戦略が生まれ続けているのである。

第二章

ピンチの時の蓄財術

「〝情報〟が生み出す価値を
ユダヤ人ほど知っている民族はいない」

「情報」が生む富。この価値について、日本人はかなり「鈍感」だと言えるのではないだろうか。

日本は形あるものにこだわる「具象の国の民である」ということは、繰り返しお伝えした。そのため「情報」という目に見えないものに対しては、日本では「お金を払いたがらない」という傾向がある。一方で、具体的で形あるものに対してはお金（資金）を出す。それが多くの日本人および日本企業に共通するアプローチだ。

戦後のビジネス戦略も、「ものづくり国家」という方向性に重きを置いたまま、今に至っている。新潟県燕《つばめ》市・三条市の金属加工業、岩手県の南部鉄器、京都の西陣織など、歴史と伝統に裏打ちされたものづくりの素晴らしい技術は日本各地にあり、世界的にも高い評価を受けている。しかし一方、視点を変えて見てみると、残念ながらそれらの収入は「目には見えない」「形のない」情報サービス産業、例えばグーグルの売上と比べると、いかほどのものだろうか？

グーグルの年間売上高は、２８２８億ドル（約36兆３０００億円／２０２２年）、アップル社においては、３９４３億ドル（約57兆８３００億円／２０２２年）。アップルの時価総額は約3兆ドル、日本円にして約４４０兆円で、２０２３年の日本の国家予算１１４

兆3812億円を優に超えている。

そういうことには目をつぶったまま、「ものづくり国家日本の技術は素晴らしい」と、いまだ叫び続けている。紡績、繊維、造船など日本のものづくり産業だけでは、世界経済の中ですでに太刀打ちできない時代になっていることを、認めざるを得ないだろう。企業だけではなくメディアも、日本のものづくりの素晴らしさを報道することはあっても、それのみにこだわることがいかに日本の競争力を弱めてしまったのかという問題提起は、私が知るかぎりではない。その間、今やIT産業の要《かなめ》であるクラウド産業の育成にも、日本は完全に乗り遅れてしまった。

みなさんが日ごろ使っているパソコンも、目に見える「パソコン」という「もの」自体に情報を保存するのではなく、いまどきは全て、クラウドでの保存が一般的だろう。グーグルのクラウドなのか、アマゾンのクラウドなのか、マイクロソフトのクラウドなのか、どこかのクラウドを利用しているはずだ。全て米企業のクラウドであるが、そこにはユダヤ人開発者が大きく関与してきた。

目には見えないものへの注力、そして投資。これらの生み出す価値、その経済力に、日本は企業経営者も官僚も十分関心を寄せてきたとは言えないのではないか。しかし、「抽象の神」を信仰するユダヤ人は、目には見えないものにこそ重きを置き、「(目には見えない)情報こそが全てだ」と、強い関心を持ち続けてきた。本章では、「情報さえコントロールをすれば、世界中の富が集まる」という蓄財術を、ユダヤ民族が5000年の歴史の中でどのように身に沁《し》みて経験してきたのかをお伝えする。

具体的な事例については各項でお読みいただきたいと思うが、ユダヤ人は、情報の持つ重要性に相当早い段階から気づいていた。情報とは、すなわち言語である。人は、この言語によって煽動《せんどう》される。ゆえに、言語を制するものは情報を制し、富を手中にすることができる。それは、ウクライナ情勢にも如実に表れている。

仮に、誰かが意図的に、ウクライナ問題について「悪いのはロシアだ。正義はウクライナにある」という情報を世界に流布し、発信するとどうなるだろう。多くの国、人は「ウクライナが気の毒だ」と捉え、ウクライナに投資をし、支援をし、武器を供与しようとするだろう。大きな情報操作によって、世界中の多くの人々の心をつかむことができれば、これほど簡単に金儲けができる方法はない。現に日本も、国内では集中豪雨によるがけ崩れ、土砂災害などが各地で発生しているにもかかわらず、国はウクライナ支援にお金を出すという。しかし財政は大赤字である。税金や国債など日本国民の金でウクライナ支援をしているような状況だ。

つまり情報というものは、煽動する側と煽動される側に大分され、煽動する側に回ることさえできれば、集団心理に乗じた投資、集団行動を引き起こすスイッチを握ることができる。一人ひとりが使うお金は1000〜2000円程度であったとしても、全世界の人間を情報で煽動することができれば、1000円は何十億倍もの掛け算となる。だから、富を集めたいと思うならば、情報は発信する側に回る必要がある。情報を上手く発信することができれば、必ず儲かる。なぜなら、人々を煽動することができるからだ。しかし、受け手である限りは、情報に振り回されてお金を失うばかりである。巨万の富を手に入れることは不可能、というわけだ。

歴史的に見ても、今も、日本の社会や企業は情報発信能力が非常に低い。日本にはかつて第二次世界大戦中の1940年に成立した対アジア政策構想「大東亜共栄圏」があった。欧米帝国主義国の支配下にあった中国や東南アジア諸国を解放して、日本をリーダーとした共存共栄のアジア経済圏をつくろうという日本政府の構想だった。

アジア民族の繁栄とともに、「アジア民族が世界から差別されないようにしよう」「東アジアを欧米の帝国主義から解放する」という概念や理念など、内容には評価できる部分もあった。しかし、いかんせんプレゼンテーション能力も発信能力も乏しかったために、世界から賛同を得ることができず、結局は世界から孤立し、無謀な戦争を引き起こすことになったわけである。この下手くそな情報政策というものを、日本はもう一度考え直す必要があるだろう。日本は「現状維持」と「忖度」の文化が根強く、世の中を席巻するような、まだ誰も思いつかないようなアイデアを持っていても、強く情報を発信することが下手だ。

現在、世界では、女性の社会参画問題、人種のダイバーシティ問題、難民問題などが山積しているが、日本はそういった課題についてただご立派な目標を掲げるだけではなく、「1~2年で実現するためにどう持っていくのか」という具体的な政策提言をするべきだ。そうすれば世界の賛同を得ることとなり、「情報発信能力のある日本」として、生まれ変わることができるだろう。しかし悲しいかな、今はそれもほとんどできていない状況だ。

今後日本がいかにして情報発信者側に回ることができるのか。そこが日本がもう一度富を手にできるかどうかの運命の分かれ道となるだろう。世界を席巻する概念というものはどういうものか? そして、その情報をどう発信するか? そういった力をつけなければ、富める国になることは不可能だ。

その第一歩となるキーワードは、「ダイバーシティ」であろう。「白人男性だから、お金が集まる」などということが起こらないように、お金、金、ダイヤモンドというものは、性別や人種を差別しない。お金は白人であれ、黒人であれ、黄色人種であれ、最も*開明的なところ、性別による差別、人種差別をしない人たちのもとに、自然と集まるようになっている。ゆえに富める国、金持ちの国になりたいのであれば、徹底的なダイバーシティと、徹底的な人種平等と、徹底的な男女平等社会を実現しなければならない。そのことをよく熟知しているアメリカは、男女平等社会、人種平等社会を作ろうと必死で、今相当な苦労をしている最中だ。偏見による黒人の死亡事件やヘイトクライムは、人種差別のない社会を作ろうとする過程、1枚1枚の脱皮のプロセスだと私は見ている。

口先だけで、女性の地位向上だ、ダイバーシティだとは言うものの、日本の上場企業の一体何%が女性を経営トップにしているというのか。私の知る限りでは株式会社ディー・エヌ・エーの代表取締役会長の南場智子氏くらいではないだろうか。司法試験の合格者数を見ても女性合格者が増えていることから、男女の能力にそんなに違いがあるとは思えない。けれども日本の場合はそこに「現状維持」と「忖度」という「目には見えないガラスの壁」があり、女性の地位が一向に上がらない。

繰り返しになるが、そういう社会には、情報発信能力がない。だからいつまでたっても情報の受け手になって、どんどん富を失っていく。

*豊かな知識や優れた洞察のもと、進歩的に事に取り組もうとするさま。

情報を制するものが富を制する

ワーテルローの戦いとロスチャイルド家

1815年。ナポレオン1世はエルバ島から脱出し、再び皇帝に戻った。そして同年6月、ナポレオンは12万の兵を率いて、ヨーロッパ支配を再び実現すべく、イギリス・プロイセン・オランダの連合軍と戦うためにベルギーへと向かった。

12万のうち、ナポレオンは7万人の兵を率いてブリュッセルを目指すその途中、ワーテルローで、イギリス・ウェリントン公が率いる6万8000の兵のイギリス・オランダ連合軍と対峙《たいじ》した。激戦の後、ナポレオンは敗退。ナポレオン戦争とともに、フランスの第一帝政期は終わりを告げた。

この戦いには、多くの人が注目していた。このナポレオン戦争で、イギリスは国債を発行することで戦費を調達していたため、「イギリスが勝てば国債価格は高騰し、逆に負ければ暴落する」と考えられていたからだ。ロンドンの投資家も、イギリスが勝てば国債は「買い」。負ければ「売り」と見ていた。そこで問題は、誰よりも早く、その戦況を知り、選択をすることだ。

このワーテルローの戦いの行方について、ロンドンで最も迅速な情報網を持っていたのは、ロスチャイルド家三男、ネイサン・メイアー・ロスチャイルドだった。ネイサンは「ナポレオン劣勢」の報告を受けて、イギリス国債を大量に売りに出した。ネイサンが情報収集に長《た》けていることを知る他の投資家は、その様子を見てイギリスが負けると思い込み、ネイサンにならえとばかりに一斉に「売り」に走り、国債は暴落した。ところがそこでネイサンは、今度は一気に「買い」に転じて、負けると言われたイギリス国債を、くず同然の値段で大量に買い占めて手に入れた。

イギリスは敗北しなかった。

翌日になってナポレオンの敗北が報じられると、ネイサンがくず同然で買ったイギリス国債が高騰した。結果、ネイサンは巨万の富を得て、ロスチャイルド金融財閥のもとを形成したのだ。

ワーテルローの戦いと、ロスチャイルド家のネイサンの話は、ヘブライ聖書の物語ではなく実話であるが、投資家やビジネスパーソンの間では、有名なエピソードとして知られている。本書であえて引き合いに出したのは、この出来事の中に、ユダヤの重要な教えが含まれているからである。

それは、「ピンチの時にこそ、生の情報が大金を儲けるチャンスを生む」「生の情報にこそ、価値がある」というものだ。すなわち、「情報を制するものが富を制する」ということが、ユダヤにおいてはピンチの時に大儲けをするための鉄則になっている。

ナポレオン戦争当時のピンチは、ヨーロッパ中のピンチの時であった。ヨーロッパを二分する一大決戦が「ワーテルローの戦い」だったのだ。

このナポレオン戦争で大半のヨーロッパ人は、「これまで連戦連勝だったナポレオンが勝つに決まっている。ナポレオンは破竹の勢いだ」と、一方的な情報だけで、ナポレオンの勝利を信じて疑わなかった。ところが、ロスチャイルド家のネイサンだけは違ったのである。

フランクフルト出身のユダヤ人富豪ロスチャイルド家は、「ナポレオンは勝っていると言われているが、実際はそうではないかもしれない」「全ては生の情報だ」という、ユダヤの教えを十二分に熟知していた。そこで、ワーテルローの戦いの現場に自分の部下を何十人も送り込み、現場の戦況をライブで報告させたのである。

その当時はもちろん、インターネットも無線もない。ネイサンは伝令と伝書鳩を駆使して、部下に生の情報を報告させた。すると、「ナポレオンの分が悪い」という情報が入ってきたのだ。そこでネイサンは、まずイギリス国債を大量に売りに出して周囲の目をあざむき、みなが一斉に売り始めて国債が暴落したところで、今度は国債をタダ同然の値段で買い占めた。その後の展開は、エピソードにもある通りだ。

「3本の矢を束ねて1本の矢にすれば、これほど強いものはない」と言ったのは、日本の毛利元就である。「子どもたち3人が一致団結すれば、あらゆる戦いに勝っていける」という毛利元就のこの思想は、日本では古くから染みついた考え方だろう。「集団で統一行動をとれば、勝てない戦いでも勝てる」「チーム一丸となってやる」というこの考え方は、ユダヤのリスク分散の思想から言うと、最も危険な思想となる。財産形成から言うと、さらにまずい。なぜなら「一致団結」だけでは、力を合わせても勝てないような、あるいは力を合わせても及ばないような事態について、全く想定できていないからだ。

財産形成という意味では、それは「一か八か」の非常に無謀な考え方である。想定外の緊急事態時、みなが束になって一か所にかたまっていれば、全員滅びてしまうのは明らかだろう。

ユダヤ資本のロスチャイルド家は、毛利元就とは全く正反対の選択をしている。ロスチャイルド家にはネイサンを含めて5人の息子がいるが、それを束ねるのではなく、一人はイギリスに、一人はフランスに、一人はイタリアに、一人はオーストリアに、そして一人はドイツにと、全員ヨーロッパ各地にバラバラに配置して、それぞれ独自の発展を遂げるよう、金融業務を拡大させた。

ロスチャイルドは国を超えて、リスクを「国際分散」させたのである。同じ国内で散らばっても、ひとたび戦で国が負ければ、全てを失ってしまう。だから、それぞれに国を出て、言語も文化も異なる地で生計を立てて生きることで、一家の存続と財産を守ったのだ。そしてもう一つの目的は、当時のヨーロッパ各国の「生の情報」を集めるためだった。人を一か所に集中させていては、生の情報は集まらない。散らばってこそ、生の情報が集まる。そうしてこそ、お金儲けのチャンスをつかめる。だからロスチャイルド家は、今もって国際金融資本の中で無視できない存在として、厳然と生き残っているわけである。

「力は束ねては駄目だよ」「力は分散しなければ駄目だよ」というのが、ユダヤ的な考え方であり、日本人・毛利元就と、ユダヤ人・ロスチャイルドとの大きな違いだ。

国際分散すれば、たとえどこかの国が敗れても、どこかの国は生き残る。親子三代、孫の代には、どれかは栄える。この国際分散と長期投資が、蓄財術の重要なポイントだ。

「ここぞ」というところに集中投資する傾向のある日本は、うまく行った時はいいけれど、親子三代、孫の代までの財産形成を前提にすると、それではまずいということを覚えておいてほしい。日本・東京だけに全ての財産をずっと集中しておくことは、決して安全ではない。ユダヤの教えだけでなく、世界的パンデミックや自然災害も、そのことを教えてくれているのではないだろうか。

ユダヤでは「スパイ」がヒーロー

「生の情報こそが、蓄財の基本である」と、繰り返しお伝えした。

ヘブライ聖書の出エジプト記の中の物語でも、モーゼは約束の地に入る時に、12人のスパイを潜り込ませ、生の情報を探らせている。その土地にどんな人種が住んでいて、人口はどれくらいで、どんな言語を話しているのか。その土地は痩せているのか肥えているのか。どういう植物層の土地で、どんな樹木が生えていて、どんな野菜や果物が生育されているのか。そこの軍はどのぐらいの強さで、どういう防備がなされていて、どういう軍事訓練をしているのか。モーゼが「それらをとくに、重点的に調査してこい」と命じたことが、現代でも、世界のスパイ活動の基本になっている。イスラエルはもちろん、米英にも、あらゆる通信を傍受して活動する、国独自の秘密諜報機関があるのはご存じだろう。

しかし日本にあるのはメディアのみで、そういった諜報機関は存在しない。そのためウクライナ戦争についての報道は、ＮＨＫにしても、どこの新聞社にしても、今まさに戦争が行われている真っ最中の現場に記者を派遣した、などという話を私は聞いたことがない。だから日本人は、例えば「バイデン大統領のアメリカが支援しているし、NATOが支援しているゼレンスキー（ウクライナ）が有利だ。ロシアのプーチンはいずれ、経済制裁で潰れるだろう」と、流れてくるメディアの情報があればそれを信じるしかなく、その一方的な情報を元に（本当の情報は別にあるとも知らずに）、資産株の売り買いなどの選択をしてしまうのだ。

しかしユダヤ人は、ワーテルローの戦いの時のロスチャイルド家ネイサンのように、実際に戦地に部下を派遣し、一番のピンチの時に、金儲けのチャンスをつかむことができる。生の情報を得ていなければ、本当の蓄財、大きな金儲けはできないことを、神の教えとその歴史から充分熟知しているからだ。

ウクライナの戦局について、生の情報をつかむことができるのも、第二次世界大戦の前から、ウクライナには３００万人のユダヤ人が住んでいたからである。世界中にいる全ユダヤ人口の4分の1に当たる人数が、ウクライナに集中して住んでいた。第二次世界大戦後、ユダヤ人の人口は大きく減ったとはいえ、ウクライナ戦争が起こるまで、ウクライナには約10万人のユダヤ人が住んでいた。ウクライナの問題はそのまま、ユダヤの問題でもあるわけだ。

実際、私の所属している宗派もこの10万人の中の最大教団であり、今もウクライナに40か所のシナゴーグを持っている。このシナゴーグから、ウクライナの本当の戦局の情報、日本人には届いていない情報が入ってくる。世界のユダヤ人はその生の情報に基づき、財産の動かし方を決めているわけである。「じゃあ日本人はどうすればいいのか」と思われるかもしれないが、今のところはそういう世界の全体構造を知っていただき、現政府、現在のメディアのあり方、その問題点を国民一人ひとりが自覚することから始めるしかないだろう。

「米英に情報を独占されてなるものか」ということで、ユダヤには独自の情報機関、イスラエル諜報特務庁「モサド」がある。ヘブライ語で組織・施設・機関を意味し、ロシアなどを除けばアメリカのCIAに次ぐ大きな諜報機関として有名だ。

このモサドの要員として、我々ユダヤ、そしてイスラエルの最大かつ最高の英雄と呼ばれるエリ・コーエンという人物がいる。ネットフリックスでは、「伝説のスパイ」としてのその人生を描いた『ザ・スパイ―エリ・コーエン―』という人気作品があるので、ご存じの方も多いだろう。生の情報の重要さを知っていただくにあたり、このエリ・コーエンの物語に少しお付き合いいただきたい。

エリ・コーエンは1924年、エジプト北部アレクサンドリアという町に生まれたエジプト系ユダヤ人で、少年の頃からアラビア語、ヘブライ語、英語、フランス語など、語学に精通していた。ここに着目したモサドの情報局次長が、「祖国イスラエルのために、働く気がないか」と、彼に接触する。エリ・コーエンは何度も躊躇《ちゅうちょ》したが、最終的には承諾し、モサドの要員になった。モサドが彼に与えた責務は、電気通信技術、そして「シリア訛《なま》りのアラビア語を話す」という訓練を徹底的に受けることだった。やがて彼はモサドの指示に従ってアルゼンチンに渡り、「アルゼンチンにエリ・コーエンあり」と称されるアルゼンチン財界の最有力者の人物にまで昇り詰めた。

アルゼンチンのアラブ人たちからの紹介状を持って、次にシリアに渡った彼は、そこでも財界最高の地位（日本でいう、経団連会長のような地位）まで昇り詰める。やがてシリアの軍務大臣とも親しくなり、軍の情報をいつでも入手できる立場になったエリ・コーエンは、シリアによるジョルダン川の秘密工作の情報を入手する。当時シリアはジョルダン川を破壊し、イスラエルの水を全て飲めないようにしようと作戦を展開中だったのだ。エリ・コーエンはその情報を逐一、自宅からモールス信号を使い、イスラエルのモサドに送っていた。

しかしシリアも用心深い。「どうもおかしい。情報が漏れているのではないか」と疑い、ある日突然、全シリアの電波封鎖を行った。つまり、シリアのラジオ局や通信局全てを封鎖し、電気信号が一切出ない状態にしたのだ。

「その時に、電気信号を発している発信元こそがスパイに違いない」という作戦だったが、それを知らないエリ・コーエンは、自宅になだれ込んできたシリア軍に逮捕され、軍事法廷にかけられてしまう。そしてイスラエルの助命嘆願運動にもかかわらず、1965年にダマスカスのマルジェ広場で公開絞首刑に処された。

しかしイスラエルは、彼の働きによって、ジョルダン川の破壊予定や、ゴラン高原に植えられた木々の位置情報から戦車が降りてくる情報などを事前に入手し、シリアを迎撃することができた。つまり、今のイスラエルがあるのは、このエリ・コーエンのおかげなのである。

彼が公開絞首刑の前に拷問《ごうもん》を受け、剝《は》がされた爪から流れ出た滴る血で、テルアビブに残された妻子に宛《あ》てて書いた手紙は、ユダヤ人にとっては、涙なしには読めないものだ。

「どうか私のことはもう忘れて、妻よ。早く結婚してください。一人でいると私が悲しみます。どうか子どものことをよろしく」

生の情報の重要さを知っているユダヤ人にとって、彼こそがイスラエル最大の英雄であり、スパイはイスラエルの英雄と称される所以《ゆえん》なのだ。

ユダヤ人の蓄財対象は「金」と「ダイヤモンド」

ユダヤ人の黒い瞳

「ユダヤ人の瞳はなぜ黒い？」

「ユダヤ人はいつも暗いところにいて、明るいところを見ているからだ」

「ユダヤ人の瞳はなぜ黒い？」

「明るいところばかりを見ているユダヤ人が、楽観主義、享楽主義にならないように神がしているからだ」

「ユダヤ人の目はなぜ中心が黒くて、そのまわりは白いのか？」
「世界を暗い面から見た方が、物事が良く見えるからだ」

ユダヤ人のお母さんは、子どもに、「我々ユダヤ人は、つねに暗いところに押し込まれてきた。だから、ユダヤ人の目は、真ん中の瞳が黒いんだよ」という話をよく聞かせる。この教えがあるからこそ、ユダヤ人は、人がピンチの時に大儲けすることができる。では、世界中にいるユダヤ人は、暗いところに閉じ込められて一体何を見ているのか。

ユダヤ人の瞳は、核攻撃のリスクという観点から、資産保全の方法を見つめている。ここが日本人をはじめ、その他の民族と大いに違うところだ。日本人のみなさんの多くは、広島、長崎の後、核は使われることのない武器と思っているかもしれない。しかしユダヤ（イスラエル）では、「明日使われても不思議ではない武器」と考えている。なぜなら、ユダヤ民族はその5000年の歴史の間、つねに最新兵器で痛めつけられてきたからである。ユダヤ人は過去、アッシリア、バビロニア、エジプト王朝、ローマ帝国など、多くの民族に虐殺されてきた。それは全て、その時代時代の、最新兵器でやられている。だから現代に生きるユダヤ人は、最新兵器すなわち核攻撃のリスクを前提に、身の処し方をつねに考えているのである。

１０６４℃

これはユダヤ人の財産保全のキーワードで、何のことかというと、核攻撃に遭った際の「金が溶ける温度」だ。ユダヤ人はもしも核攻撃があった場合に備えて、１０６４℃で金を消失しないように資産を保全しなければならないと考え、備えている。

過去５０００年の歴史の中で、「ユダヤ人が見つめてきた資産保全のメルクマールは何か？」というと、それは「金」だ。金の値段が上がったか下がったかというのは、みなさん日本人の見方であり、ユダヤ人は、「金の値段に比べて、世界の通貨が上がったか下がったか」ということで、資産保全をつねに考えている。

ユダヤ人は、日本の通貨では資産保全をしない。というのもここ30年間、金の値段に比べて日本の通貨である円がどれだけ下がったかということを見ているため、「円で資産保全はできないな」という結論になっているからである。ウクライナ問題が起こってからはとくに、高騰する金の値段に比べて円は円安で地べたを這《は》いつくばるような動きを見せている。

ユダヤ人は日々、通貨サーフィンをしている。例えばウクライナ問題がある今は、どの通貨で資産保全をしておくのが一番よいのかを考える。そうすると、いくら日本の土地を持っていても、それは日本円にしか換わらないし、日本株も日本の円でしか売買することができない。日本の円は世界一大量の国債発行によってダイリューション（通貨の価値の希釈化）されているので、ユダヤ人にとっては、日本の預金、日本の土地、日本の建物、日本の株は、ピンチの時の蓄財の対象にはならない。では、どんなものが蓄財の対象になるのかというと、「どの通貨でも売れるもの」だ。

それは、金、ダイヤモンド、美術品、スイス製の超高級機械式時計、高級車、一艇10億円ぐらいのクルーザーヨットなどである。これらはどの国に持っていったとしても、その国の通貨で売れるので、どこに持っていけば最も高く売れるかをにらみながら動かすことができる。

しかし、もし核攻撃を受けてしまったら、鉄やチタンでできているスイス製の高級時計も、高級車もクルーザーも、美術品も全て消えてなくなる。従って、ユダヤの蓄財の対象は、残る「金とダイヤモンド」に絞られるわけである。

今、世界中のダイヤモンドビジネスは、ユダヤ人資本が圧倒的な力を持っている、と言ってもいいだろう。イスラエルのテルアビブにあるダイヤモンド取引所の正会員はユダヤ人のみだし、アントワープのダイヤモンド取引では、世界のマーケットシェアの約90%をユダヤ資本が握っている。また、ダイヤモンドの出処をはっきり特定させるため、登録番号をつける作業にも、ユダヤ人が開発したブロックチェーン技術が生きている。

こうした蓄財術の全てが、「ユダヤ人の瞳は黒い」と言われる所以だ。ナチス迫害による収容所の中で、暗いところに閉じ込められた民族だけが身に付けた、生き残りをかけた蓄財術を見つめる視点は、世界中で見ることができる。次項ではさらに、この文化と歴史を紐解《ひもと》いていこう。

価値こそ、「蓄財」の基本

「どこの国にでも持ち出すことができ、どの通貨でも売れるものが、ユダヤ人の蓄財対象である」ということを先述した。その実例が書かれた『琥珀《こはく》の眼の兎《うさぎ》』（エドマンド・ドゥ・ヴァール著　佐々田雅子訳／早川書房）という書籍が、ユダヤ人の間でベストセラーになっているのでご紹介したい。著者のエドマンド・ドゥ・ヴァールは、イギリス・ノッティンガム出身のユダヤ人で、ロンドンを拠点に活躍する芸術家（陶芸家）である。

本の表紙には、象牙でできた、手のひらに乗るぐらいの小さな赤い目をした兎の彫刻が描かれている。

さて、この小さな兎の値段はどれくらいになるのかご存じだろうか。日本円にすると、おそらく2億円は下らないだろう。これは、ユダヤの蓄財術の実話だ。ウィーンに暮らしていたユダヤ人たちがナチスに追われた際、ある一家の老人が孫に、この兎を渡して、こう告げる。

「これはおじいちゃんの形見だから、これを持ってお逃げ」

一家は祖父から、この赤い目をした兎をはじめ、同じような、手のひらほどの大きさの彫刻をいくつも渡されて家を出る。いたるところでナチスの検問を受けるウィーンのユダヤ人は、検問の度に、持っていた腕時計やら金銀やらを全て、ナチスの憲兵にはぎ取られていく。ところがこの赤い目をした兎の彫刻をポケットの中に見つけたナチスの憲兵は、「なんだ、子どものおもちゃじゃないか。持って行け」と言い、この一家はあっさり検問をパスしたのである。

その後、このユダヤ人一家はロンドンに渡り、アメリカに渡り、そして最終的には日本に渡り、この赤い目をした兎の価値が、「これは大変なものだ」ということに気づかされる。何を隠そう、この赤い目をした兎こそ、日本の江戸文化が産んだ「根付《ねつけ》」という美術品だったのである。

根付とは、江戸時代の武士や町人たちが、巾着や煙草入れ、印籠などを帯に吊るす時につけた留め具のことで、象牙のものは骨董品としてとくに価値が高いことで知られている。世界最高級の根付は、今もサンクトペテルブルクにあるロシアの国立美術館、エルミタージュ美術館に大量に保管されている。18世紀末、世界で最も強大な権力を握った女性、ロシアのエカテリーナ2世が長年にわたり、私財を使って収集した根付の至宝が眠っている。

話を戻すと、一家に当たったナチスの憲兵隊は、この手のひらサイズの兎をポケットに数個入れているだけで、一生かけてもおつりが有り余るほどの財産的価値がある、ということがわからなかった。おかげで一家はその後もナチスの追及の手を逃れ、この祖父の形見の根付を資産として蓄財したのである。

ピンチの時、つまり第二次世界大戦時、根付を持って逃げた一家は、戦後の復興ブームに沸いた日本で、エルミタージュ美術館の買付代理人に売却し、巨額の資産を手にすることができた。「これこそユダヤの蓄財の基本だ」ということで、ユダヤ人の間ではベストセラーになっているのだ。

物語の詳細について興味のある方はぜひ本をお読みいただくとして、本書でのポイントは、「価値があることに気づく人にのみ、神は微笑み、祝福を与える」ということである。そもそも、価値に気づかなければ、蓄財にならない。そして問題は、肝心の日本人が、根付の持つ価値に全く気づかなかったことだ。薩長などの勢力により江戸幕府が倒された後、京都・東寺の蚤《のみ》の市では、大量の根付が売りに出された。おそらく廃刀令がきっかけで、刀を帯に差すことも、また帯をする必要もなくなったからだろう。

もともと根付の美術的価値に注目していたユダヤの美術商人は、ざるいっぱいの根付を、それこそ二束三文、タダ同然で買い付けたのである。つまり、価値を知らなかった日本人は、神の祝福を取り損ねた、というわけである。

では、なぜユダヤの美術商人は、根付の価値に気づいていたのか。ヨーロッパに日本の美術、芸術を広め、ジャポニスムのブームを引き起こしたきっかけになったのが、サミュエル・ビングというユダヤ人の美術商だった。世界で最も有名な浮世絵師・葛飾北斎の最高傑作「冨嶽三十六景」の「神奈川沖浪裏」を、「The Great Wave」として海外に紹介し、一大旋風を巻き起こしたのも、じつはこのユダヤ人だった。

ユダヤ人だからこそその価値に気づいたというその背景には、後述する「メロディを買った娘婿」（171ページ参照）という説話があるので、併せてお読みいただきたい。その花婿のように、「価値を知るための技能を身に付ける」ことを目的としてユダヤ人はお金を使うし、またそういうお金の使い方をする者をこそ、リーダーは礼賛する。このように「価値のあるものに対してお金を投資する」ということによって、初めて何に、どんな価値があるのかということがわかるからだ。

つまり、価値こそ蓄財の基本。しかし、根付の価値を見出せる美術鑑識眼にこそ、価値があるわけなので、技能や知識、先見の明を身に付けていなければ、そもそも蓄財はできないのだ。だから、お金を投資してでもその価値を知り、勉強をすること。そして美術鑑識眼のような「無形の資産にこそ価値がある」というものの見方を学び続けることが重要である。

結局、根付や浮世絵のような、まだ誰も注目していなかったアートに価値を見出す能力は、ユダヤ人以外、世界のどの民族も太刀打ちできないのではないだろうか。その理由は、やはりユダヤ人の迫害の歴史にある。日常がピンチだった歴史の中で培った、民族特有の能力なのだ。キリスト教社会の中で、ゲットーの中に閉じ込められたユダヤ人は、朝の10時から夕方の3時までしか、外に出ることが許されなかった。1日のうちの5時間で許された商売、わずかなチャンスが「古物売買」と「お金の貸し借り」の二つだった。この古物売買の中で培われた鑑識眼が、根付に至り、浮世絵に至り、大きな蓄財に繋がって、富を築くことができたのである。

ピンチの中にこそ、金儲けのチャンスあり

刑務所の中からのPR活動

*ジェイコブには、12人の息子がいた。その息子の一人、ジョセフは、兄弟の中で一番能力が優れていた。

ある日ジョセフは、こんな夢を見る。それは、自分が最も裕福で、最も栄えて、他の兄弟たちを従えるような地位にまで上り詰める、という夢だ。よせばいいのに、「そういう夢を見た」と話してしまったせいで、他の兄弟たちから大変憎まれるようになってしまった。

ジョセフはある日、他の兄たちに誘い出され、山の中にある「ライオンの穴」へと

突き落とされてしまう。家に戻った他の兄たちは父親のジェイコブに、「いやぁ、ジョセフが迷子になってしまって。まだ戻って来ていませんか？」と嘘の報告をする。兄弟の中でジョセフを一番可愛がっていたジェイコブは嘆き、悲しみのあまり、目が見えなくなってしまった。

一方のジョセフはというと、通りがかりのアラブの商人に助けられたものの、人身売買で売られ、エジプトにたどり着き、奴隷として刑務所に放り込まれてしまう。

そこでジョセフはどうしたか。彼は看守に向かって、こう告げた。

「私は全ての夢を解析し、運命を予言することができます」

それを聞いた看守は、ジョセフに自分の夢の予言を尋ねると、見事その通りになった。そうしてジョセフは、刑務所の中から自己PRを繰り返していたところ、その噂《うわさ》はどんどん口コミで広まり、ついにエジプト王朝のファラオの耳にまで入ることになった。

「監獄に繋がれているジョセフという男を連れて来い」

王の前に召し出されたジョセフは、王から「わしが見る夢を分析してくれ。非常に気持ちの悪い夢を見ている」と、告げられる。エジプト王朝の最高権力者からそう言われたジョセフ。「どんな夢を見られているのですか」と尋ねた。

それは、こんな夢だった。豊かな草木が生えているナイル川の川岸に、エジプトの豊かな王国を象徴するような太った牛が7頭いる。ところが、ナイル川から骨と皮だけの痩せ細った牛が7頭上がってきて、その太った牛を全て食い殺してしまうのだ。

「これはどういう意味だろう」

ファラオが尋ねると、ジョセフは王に向かってこう言った。

「王様。それは、いずれ豊穣の地・ナイルの水が干上がり、大飢饉《ききん》が訪れることを意味しています。痩せた牛が現れ、豊穣の地の象徴、すなわち太った牛を食べてしまう、という夢です。

従いまして、今のこの豊かな時代にこそ節約をし、財政を切り詰め、借金をやめ、あらゆる穀物をエジプト中の寺院から召し上げて、倉庫に備蓄なさいませ」

ファラオはジョセフの予言と助言に従った。その後、実際に大飢饉に襲われることとなったのだが、「エジプト王朝が備蓄している穀物を分けてくれ」と、近隣の王朝諸国からの要望が殺到し、全てエジプトに屈服することになった。ファラオは穀物を分けると同時に領土の割譲を迫った。かくしてエジプト王朝は、エジプト全土はもちろんのこと、南・北アフリカ、シリア、メソポタミアまで、その権勢を誇ることとなったのである。

*ヘブライ聖書の創世記に登場するヘブライ人の族長。

この説話には、じつはまだ続きがある。自己PRと夢占いでエジプトの飢饉を救ったジョセフは、その後ファラオに才能を見出され、エジプト最高の執政官（日本で言えば内閣総理大臣）のポジションにまで上り詰めることとなったのだ。

この話には、二つの教訓がある。

一つは、刑務所に繋がれてもなお、広報活動を行った点である。「PR（Public Relations）が絶対に大切だ」ということを理解していたジョセフは、監獄の看守に向かって、「自分は夢分析の能力がある」という、「自己宣伝」を諦めなかった。つねに、自己の能力を外に向かってアナウンスし続けていれば、いつしかそれが人々の耳に届き、自分の才能にピンとくる人に巡り合えるかもしれない。監獄の中にいても、PRを怠るな、である。

口コミで広まっていったジョセフの戦略は、まさに現代のSNSと言える。刑務所から発信した人物といえば、ホリエモンこと堀江貴文氏がいる。どちらが先輩かと言えば、このジョセフの方が先輩であるし、正確に言えばジョセフは罪を犯していたわけでもなかった。いずれにしても、ユダヤ人というのは全員がホリエモンのような考え方をし、どんな逆境にあっても自己PRは怠らない。

この教えからユダヤ人が学んだことは、「PRこそ、金儲けの基本」ということだ。それがよく表れている実例がハリウッド映画だろう。パラマウントのアドルフ・ズーカー、ワーナー・ブラザーズのワーナー4兄弟（ハリー、アルバート、サム、ジャック）、コロムビアのハリー・コーン、MGMのルイス・B・メイヤー、ユニバーサルのカール・レムリなど、創業者は全てユダヤ人であり、「ハリウッド映画こそPRだ」という哲学は現代もなお、脈々と受け継がれている。

また、情報発信のグーグルの創業者ラリー・ペイジも、フェイスブックの創業者マーク・ザッカーバーグもユダヤ人である。映画界のみならず、情報や広告の世界でもユダヤ人が富を集めた背景には、この刑務所の中でPR活動を行ったジョセフの物語がある。

二つ目の教訓は、「夢分析」という無形の技術である。この「無形のものにこそ、価値がある」という教えについては別の項で詳しく語るとして、ジョセフの夢分析は19世紀にフロイトの精神分析学へと受け継がれていく。フロイトもまた、オーストリアの貧しい羊毛商人の子として生まれたユダヤ人である。

かくしてユダヤ人は、心理学と経済学、PRと情報発信を生業として、金儲けに成功する道筋を築いていったのである。

ユダヤ人の蓄財

——収入の10分の1は寄付にまわす

ラバイと老夫婦

ある村に、正直者の初老の夫婦が住んでいた。小さな家で、門柱も生垣もみすぼらしく、食べる物はその日その日の家庭菜園で作った野菜と、街で買ってくる一切れのパンである。それらを夫婦で分け合い、細々と暮らしていた。ある日のこと、ラバイがやって来て、老夫婦の家の扉を叩き、こう告げた。

「旅をしているラバイです。親切そうなお方の家とお見受けしたので、水を一杯、いただけませんか？」

これを聞いた夫婦は、喜んでラバイに水を差し出した。するとラバイは「じつは空腹で死にそうなので、できれば食事を分けてくだされればありがたい」と言った。

じつはこのラバイは、神の使いの天使だった。神の使いの天使は時々予告なく、いろいろな人のもとに現れては、その人の善意や敬虔《けいけん》さ、とくに見ず知らずの人を大切に迎え入れるかどうかをお試しになっていたのである。しかしこの老夫婦は、まさかラバイが神の使いだとは知る由もない。人の良い老夫婦はラバイに、自分たちが今日食べる予定のパンや野菜を分け与え、食事を用意して差し上げた。感謝したラバイは差し出されたものを全部きれいに平らげて、また要求を出してきた。

「じつは今日寝るところがないので、もし差し支えなければ、一夜の宿を貸してもらえればありがたい」

老夫婦は喜んでリビングルームのソファーを差し出し、自分たちは奥の部屋で眠った。翌朝はラバイのためにお茶が1杯、老夫婦によって用意されていた。ラバイは厚く礼を伝えて立ち去ろうとした際に、こう告げたのである。

「御礼と言っては何ですが、あなた方の希望があれば、何でも叶《かな》えてあげましょう。どんなものでも叶えてあげることができます」

老夫婦は、「冗談でおっしゃっているのでしょう」と思い、こう言った。

「夢のような話ですが、この小さな家を御殿のような家にしていただいて、周囲は誰でも入れるような生垣ではなく、立派な塀で囲っていただいて、食事は毎日街の市場に買いに行く必要がないぐらいにたっぷりと、保存庫に用意されている蔵をくだされぱありがたいのですが」

すると、ラバイが立ち去ってドアを閉めた瞬間に、その全てが実現してしまった。

住んでいた小さな家は巨大な御殿に変わり、低い生垣は高い塀で囲まれ、立派な門もできて、しかも食糧庫までがその敷地内には置かれてあり、たっぷりと1年分以上の食物が詰まっている。老夫婦は狐につままれたような気持ちになったけれども、ラバイによる夢のようなプレゼントを大変ありがたく思った。そして、「こんなお城のような家に住んでいると、誰が物乞いに来るかもわからないし、泥棒が入るかもしれない」という思いから門番を雇った。

門番にはこう言った。

「見ず知らずの人間が来ても対応してはいけない。人を見たら泥棒と思え。自分の友人や親戚は別として、それ以外の人間には用心してください。応対もしないで。物乞いみたいな者が来れば追い返してもらいたい。大切なのは自分たちの安全だ」

そして月日が流れたある日、非常にみすぼらしい格好をした老人が、老夫婦の立派な家の門の外に来て、こう告げた。

「旅の者ですが、喉が渇いたので、1杯水をいただけませんか？」

中から出てきた門番が「あっちへ行け、お前のような者が来るところではない」と、主人の言いつけ通りに追い返したその途端、城のような家は元の老夫婦の貧しい小さい家に、立派な塀は以前のみすぼらしい生垣に、一瞬の間に戻ってしまった。たっぷりあった食料の食糧庫も消えて、そこには呆然としている門番と、何が何だかわからずに目をこすっている老夫婦がたたずんでいた。

通りすがりの老人は、このようにつぶやいた。

「何年か前、お前たちは神の使いである私に大変良くしてくれた。見ず知らずの人間を大切に扱えという聖書の教えに従った立派な行動であったが、大きな家を与え、立派な塀を与え、食糧庫を与え、望みを叶えてやって金持ちになった途端に、ユダヤ教の教えの大切な戒律を忘れ、風采で人を差別するようになった。だからお前たちには、元の生活がふさわしい」

通りすがりの老人は、そう言い捨てて立ち去って行った。

これはユダヤでは夕食時によく両親が子どもに教える説話である。この話こそ、ユダヤの財産形成における「蓄財術の基本」とも言えるだろう。

ユダヤ教で最も戒められているのが、過大な報酬とその散財だ。「ツェダカ」という「稼いだものを独占してはならない」という重要な教えがある。「ツェダカ」はヘブライ語で、「正義」「施し」を表す。よって相続やビジネス、時代の巡り合わせ等で過大な報酬、収入を得た者は、その10分の1を寄付に回すのがユダヤ人の鉄則であり、神の教えなのである。10分の1と言わず、10分の2でも10分の3でも寄付をして、身の丈以上の過大な報酬の銭は、とにかく身に付かないようにしなくてはならない。

ゆえにユダヤでは企業活動においても、上期だとか下期、四半期とかいった、目の前の利益を重視しない。帳簿を見たり、数字を見たり、数えてはならない。では、どのように数字を考えるのか？「1と、その他たくさん」というのがユダヤの数字の数え方だ。

どういうことかというと、「1」とは、今、目に見える現実的な決算のことを指している。日本企業の多くは1年の決算を3月31日に締めるが、この目先の「1」だけを見て、「本年度は赤字だ」とか「黒字だ」と一喜一憂している人は、「その他たくさん」というもっと重要な未来の中長期的展望、例えば自社の将来に向けたブランド戦略や情報発信戦略などに目を向けることができない。そういったことに目が向かない人は、目先の利益だけを数える「数の数え係」で終わってしまうだろう。ユダヤには、「今日あなたは自分の穀物倉庫を見て、穀物の量を数えようとした。その瞬間にあなたは神から見放される」という、有名な格言もあるほどだ。だからユダヤ人は、「その日の穀物倉庫に、何俵の小麦が担ぎ込まれたか」ということを、つねに気にしてはならない。

そして、「その他たくさん」のこと以外にも、気にしなければならないことがある。それは、「今日お前は、貧しい人にいくら恵みを与えることができたのか」ということである。

ユダヤ人とはいえ、その行いを守ることはなかなか難しい。そのため、神に一年分の罪の許しを請う「ヨムキプール」*の日には、貧しい人への寄付をまとめて思い切り行う習慣がある。神は、人間一人ひとりの欲深さを全て数字にした帳簿を持っておられる。人が亡くなり、天国に召されるかどうかという際には、「お前はこんなにも稼いだのに、たったこれだけしか貧しい者に寄付をしてない」という審判が下される。つまり「寄付の多さ少なさが死後に問われる」というのがユダヤ人の考え方であり、そうした神の教えを、生きる上での一番の指針にしているのである。

一方の日本は、「地獄の沙汰も金次第」という国民性だ。天国に召される時の神の審判までお金で買収し、なんとか有利な結果を勝ち取ろうという考え方はユダヤ人にはあり得ないことで、絶対的な存在である神を買収するなど、とんでもない話である。

そして今の日本は、「国債」という借金によって、過大な報酬を得る人たちで満ち満ちている。オリンピックやら万博やら、国が各種のイベントを開催し、次から次へと国債を発行する。そして、国の予算を元手に様々なイベント事業や国営事業を行い、その事業に応募、参加する形で、過大な、身の丈に合わない報酬にありつく人たちであふれている。

「身の丈に合わない報酬」というのは、汗水を垂らして働かずして得られる銭、ということだ。

その一片が剝がされたのは、東京五輪・パラリンピックの談合事件での、組織委員会の元次長や、電通元幹部らの逮捕である。既述の説話に出てくる老夫婦と同じように、過大な報酬を得たにもかかわらず、最低でもその10分の1、それ以上の寄付をしなかった彼らも、財産をなくして転落したのである。

またユダヤ教においては、「借りた金は返さなければならない」というのが鉄則である。担保も取っていいし、金利も取っていい。しかし、借りた金は返さなくてはいけない。仮に返さない奴がいれば、それは出エジプト記に出てくる「目には目を。歯には歯を」というユダヤの教えの通り、借りた金額の大小によって、民事的な損害賠償をもって償わなければならないと決まっている。ユダヤ教では、「金を借りる」ということは「返すことが前提」という契約行為であると、ヘブライ聖書にも書かれている。

そして、「返す必要のない借金をすると、どうなるのか」ということも、ヘブライ聖書には書かれている。どういうことかというと、「借りた金を返す必要はない」と、親や祖父母から学んでしまった裕福な家の子どもは、「将来、最も駄目な子どもになる」のである。身の丈に合った報酬を得ていれば、それは永遠の蓄財となり、孫からひ孫、さらにその子孫へと財産は引き継がれていく。けれども、身の丈に合わない報酬を手にした者は、全てを失ってしまうのだ。

つまり、垂らした汗水に見合う、身の丈に応じた収入以上の過大な報酬を、「国債の発行によって得る」という政治家によって運営されている国・日本は、ユダヤ的観点から見ればやがてその財産を失い、路頭に迷うであろうという予測が立ってしまうのだ。

日本には「従業員良し」「株主良し」「取引先良し」ということで、「三方良し」という言い方がある。しかし、わざわざそれを言わなければならないというのは、「一番割を食っているのは従業員」という現実があるからであろう。30年間以上も賃上げをしてこなかったにもかかわらず、広告宣伝費には糸目をつけない。むしろ湯水の如く使ってきたわけである。

お金を気にしてはいけないし、数えてもいけない。ましてや預金通帳を手に持つなどもってのほか。そういうユダヤでは、いつ何時でも、街で遭遇したホームレスにお金を渡せるように、どれだけ用意をしているかが非常に重要なこととして問われる。もちろん私も、つねにポケットには多めのキャッシュを入れるようにしている。

ユダヤ人のメンタリティにとって、最も絶対的なものは神であり、その言葉が書かれたヘブライ聖書である。しかし今の日本人にとって、最も絶対的なものは「お金」になってしまった。日本人は、ユダヤ人にとっての神のように、「お金を超える絶対的な価値」をこの先見つけていかなければ、現状を脱していくことは難しいだろう。そのためにも、ユダヤ人がいかにピンチの時こそ蓄財し、発展してきたのかという、ユダヤの教えを知っていただく必要性を痛感している。

*ヘブライ語で「贖罪の日」の意味。それまでの1年間の罪を反省し、神に許しを請う日。

日本の少子化は、異常事態

産めよ、増やせよ

神はノアと彼の息子たちを祝福して言われた。
「産めよ、増えよ、地に満ちよ。
地に群がり、地に増えよ。
さすれば私はあなたたちと、
そして後に続く子孫と、契約を立てる。
あなたたちと共にいる全ての生き物、
またあなたたちと共にいる鳥や家畜や地の全ての獣など、

方舟から出た全てのもののみならず、地の全ての獣と契約を立てる」

日本人も第二次世界大戦直後は、ユダヤ人と同じような逆境に立たされていた。そして、苦境に立たされた日本人もユダヤ人同様に、富をつかむチャンスがあった。カリスマ的存在の経営者が現れてイノベーションを起こし、成長させていく原動力があった。しかし、今の日本人や日本企業には、当時のそういった底力は見る影もない。「国力が落ちた」と言われる今この時こそ、反転攻勢をかけて、未来に繋がる生業を見出していただきたい、というのが本書の趣旨である。このままいけば日本人は、ユダヤ人が味わったのと同じような苦境に陥ることになるだろうと思うからだ。

「このままいけば」ということの一つは、人口の減少である。2023年1月に岸田文雄首相は年頭記者会見で、「異次元の少子化対策」を表明した。日本において「少子化問題は待ったなしの課題」であり、「子ども政策を体系的に取りまとめた上で、（2023年）6月の骨太方針までに将来的な子ども予算倍増に向けた大枠を提示していく」という考えを示したわけであるが、それではとても、この人口減少を反転させるまでには至らないだろう。また、GDPの2~3倍とも言われる借金大国になってしまった以上、この借金地獄から抜け出すことはできない。

日本の最大の問題は、人口減少である。なぜならユダヤ人の間では、「有史以降、今の日本のような人口減少を起こした国はない」と言われているからである。

さて近年、世界で最も人口が減った国はどこか、ご存じだろうか。答えは、シリア・アラブ共和国である。国連難民高等弁務官事務所（UNHCR）によれば、シリアは内戦のために多くの難民が国外に流出し、2019年末時点で660万人が減少した。またウクライナでは、ウクライナ情勢によって、500万人以上が難民となって故郷を追われている。そして日本では2013年から2022年までの10年間で244万人が減少した。しかし、同じ人口減少といっても、シリアとウクライナの原因は、戦争という外的要因による。日本では戦争は起こっていない。にもかかわらず、シリアとウクライナに近づく勢いで、急激に、異常な人口減少が起きている。日本は、シリアやウクライナを「気の毒な国だ」と言えるような状況ではないのだ。

ユダヤ人となった私が、なぜこの問題を本書で取り上げようと思ったのか。それはヘブライ聖書の中で、神がユダヤ人に対して最初に約束をされた最大の契約事項が、「子どもの数を増やす」ということだからである。私が師事したラバイは、12人の子持ちだった。ユダヤ人は、大体10人前後の子どもを産み育てるのがごく普通である。

ユダヤにおける「ユダヤ人」の定義は、ユダヤ人の母親から生まれた子どもと、私のようなユダヤ教への改宗者であり、この人々にイスラエル国籍を与えられる。ところが日本の場合には「国籍法」というものがあり、出生の時に父、または母が日本人である者、という血統主義であることが特徴だ。ユダヤ人にも、「ユダヤ人の母親から生まれた者」という血統主義はあるものの、改宗することにより、ユダヤ人としてイスラエル国籍をもらうことは可能となる。

世界の中で、なぜユダヤ人の人口が1500万人しかいないかというと、父親がユダヤ人であっても、母親がユダヤ人でなければ、ユダヤの血を引きながらも、その子どもはユダヤ人にはなれないからである。だからユダヤ人の人口は爆発的には増えないものの、神が約束された通り、減ることはなかった。

ナチス・ドイツのホロコースト、ローマ軍による虐殺、アッシリアによる虐殺、バビロニアでの捕囚《ほしゅう》など、歴史の中では数十万人から数百万人単位でユダヤ人は命を失ってきたけれども、その都度また、人口を取り戻してきた。それはユダヤ民族が神と、「子どもを増やす（人口を増やす）」という契約を交わしているからである。神とそのような契りを結んだユダヤ人は、「永遠に民族の繁栄と、人口の増加を約束する」と、ヘブライ聖書には書かれている。

しかし、戦争も虐殺もないのに、「子どもを増やす」という神との約束を満たしていない国がある。それが、今の日本なのだ。

日本が現在の国籍法を維持している限り、人口減少は止まらない。日本の場合、さらに人口構成をいびつにしているのは、老人が長寿になったという点にある。シリアもウクライナも、老人は長生きをしていないので、人口は均等に減少している。

子どもの人口が減っているのと同時に、「3人に1人が老人」と言われるほど、老人の平均寿命が延びている日本。こういう異常事態の国は、ユダヤ人も過去5000年の歴史の中で、見たことがない現象なのだ。

「ユダヤ人が見たことがない」ということは、すなわち「ヘブライ聖書の中では異常事態」となる。岸田内閣の「異次元のなんとやら」をもってしても、少子化は絶対に反転せず、このまま続いていくことになるだろう。ではその先には、一体どういう不幸が待っているのだろうか。

考えれば誰にでもわかることだ。もし仮にどこかの敵国が攻め入ってきた時、銃を持って立ち上がる若者がいない。そして、そのことを見透かされた瞬間に、敵国から上陸され、国を滅ぼされてしまう危険性を秘めている。そういう未来、そういう可能性を日本は持っている、と言えるのである。

ジェイコブの謝罪に学ぶ国交術

ジェイコブとエサウの争い

アイザックとレベッカには双子の息子、ジェイコブとエサウがいた。

出産の時は、エサウの足をつかんでジェイコブが出てきた。ユダヤ古来の伝統に従えば、「最初に子宮から出てきた子どもに族長相続権（部族の長を受け継ぐ権利）がある」ため、族長権は、エサウに与えられることになっていた。

ジェイコブとエサウは、全くタイプの違う兄弟だった。エサウは、腕のいい狩人で、弓の扱いも人一倍上手かった。ジェイコブはおとなしい性格で、家にこもり、クヨクヨと悩むことが多かった。父・アイザックから見ると、勇猛果敢で狩りの名手、そして立派な胸毛が生えているエサウがやはり、族長権（Blessing）を譲るにはふさわしく、ジェイコブは頼りない存在に映っていた。

アイザックは年老いて、目が見えなくなってきた。いよいよ族長権を譲る時期が近づいたと思ったアイザックは、エサウに告げた。

「いよいよ私も最後の時が来たようだ。エサウや。狩りに出て、私の好きな羊の肉を取ってきてくれ。そしてそれを煮込んで、私に食わせてくれ」

このやりとりを盗み聞きしていたのは、双子の母のレベッカである。羊肉を食べた後、アイザックがエサウに族長権を与えることを知ったレベッカは、一計を案じた。レベッカは、エサウよりも、色白でおとなしいジェイコブをことのほか、可愛がっていたのだ。どんな手段を使っても、ジェイコブに族長権を取らせようとしたレベッカは、前から保存していた羊肉を急いで調理し、ジェイコブの方にこう入れ智恵をした。

「さぁ、この羊肉の煮込みを、お父さんに持って行きなさい。お父さんはもう目が見えなくなってきているから、あなたをエサウだと思うに違いないわ」

しかしジェイコブは、「いや、お母さん。それは無理だ。いくら目の見えないお父さんでも、エサウのあのふさふさの胸毛を、族長権を与える前に必ず、手で確かめるに違いないよ」と言った。レベッカは、「それなら、この毛皮を胸につけていけばいい」と、ジェイコブに毛皮を着せて、アイザックを騙《だま》す計画を伝えた。

レベッカとジェイコブの企てにすっかり騙されたアイザックは、「こんなにうまい羊の肉のスープを用意してくれたエサウよ。お前に族長権を相続させる」として、ジェイコブの頭の上に手を置き、族長権を与える儀式を行った。

ユダヤの法律では、「Blessingの祈り」（頭に手を置いて祈る）を行ったその直後から、族長権は与えられた子どものものに変わることになっている。その法律を逆手に取って父のアイザックを騙したジェイコブは、族長権を奪い取った。ここから、騙し取ったジェイコブと、騙し取られたエサウとの確執、戦いが始まっていく。族長権を騙し取ったジェイコブは、結局、部族の中に留まっていられなくなって逃げざるを得なくなり、エサウはこれを追う人生となるのだ。

ムスリムの起源にもなっていくエサウは、強力な軍隊を持つに至った。ジェイコブの方は、神からイスラエルという名前を与えられ、改名する。

そして30年後、二人は再会を果たし、いよいよ決戦の時を迎える。そこでヘブライ聖書の中で書かれているのが、有名なジェイコブの謝罪のエピソードであり、ユダヤ人にとってはそれが、国際紛争の際の「外交的解決の模範」となっているのだ。

ジェイコブは、普通の人間では考えられないような、まさに身を切る謝罪を行った。どれほどかと言うと、ジェイコブは追ってくるエサウの軍隊に、自分の財産の大半を差し出したのだ。当時の財産は馬や羊、牛、山羊などの家畜を指す。ジェイコブは、その3分の2をエサウに差し出した。

エサウは強力な大軍隊を持っていた。武力を持った相手に対しては、この身を切る謝罪をしなければ、言葉だけでお詫びをしても、平和的な外交の解決はできない。逃げていたジェイコブも豊かな財産を持っていたけれども、ほぼ全てを差し出して謝罪をしたことで、エサウの方も矛を収めて和解することができたのである。

生き延びたジェイコブの12人の子どもはそれぞれ、「イスラエルの12部族」となって世界に散らばり、イスラエル民族繁栄の基礎を作っていく。その基礎となったものは、財産をなげうった謝罪にある。そもそも、騙し打ちをして族長権を奪い取ったジェイコブ、すなわちイスラエルの方に正義はない。エサウにしてみれば、平和的解決などする必要はなく、軍事力で圧倒的に勝っている自分たちが、ジェイコブを攻め殺し、殲滅《せんめつ》してもよかった。けれども、ジェイコブが投げ出した財産の大きさが、謝罪の誠意として伝わったのだ。

今のウクライナの情勢のように、戦争という事態になってしまった場合、武力で勝る方に対して、武力で劣る方は全ての財産を投げ出すぐらいの謝罪、つまり譲歩をしない限り、和平は成立しない。そこに正義とか道徳とか、人道や誠意、法の支配といった要素が介入してくる余地はない。これが、ユダヤと日本人の世界史に対する見方の違いに繋がっている。

ここまで、ヘブライ聖書をもとに、ユダヤ人における三つの「究極の選択」についてお話をした。

1　自分の息子に刃を向ける（64ページ「神のテスト」参照）。
2　別れる際に、青々と茂った豊かなジョルダン平原を相手に選ばせる（70ページ「ロトの選択」参照）。

3　汗水垂らして働き築き上げた財産の大半を差し出して、謝罪をする（142ページ「ジェイコブとエサウの争い」参照）。

いずれもその選択は、その場その時の近視眼的に見れば、非常に不利な選択をしている。しかし「神の目」から見れば、これらはどういう選択だったか。神の目から見ればユダヤ人は、望ましい、「可愛がってやろう」となる選択をしているのだ。

神が自分の息子を手にかけることを要求したのは、信仰心の忠誠を求めたからである。息子という、最も大切なものを手にかけるぐらいのことに対しても、神からの要求であれば従った（だからエイブラハムは、神から、第1号のユダヤ人に認定されたのである）。汗水垂らして働いて築いた財産の大半を差し出す選択をしたジェイコブもまた、「イスラエル」という名前を与えた神から見ると、正しい選択をしたことになる。つまり、無用の反発を後に残さない選択。そうすることによって、後に自分たちがイノベーションを起こした時も、エサウからちょっかいを出されずに済んだのだ。

歴史の岐路で究極の選択を迫られたけれども、今から振り返るとその選択はやはり正しかったと証明された。何もかも失ったことが、我々ユダヤ人のイノベーションの原動力となり、結果として繁栄を享受し、栄えるユダヤ民族の基盤となったからである。

第三章

混乱の時代にこそイノベーションを起こす

「日本のイノベーションと
ユダヤのイノベーションは
根本的にも本質的にも
全く違う」

日本人の考えるイノベーションと、ユダヤ人の考えるイノベーションとは、全く違う。

そのいちばん面白い典型的な例は、トヨタ自動車をはじめとする日本企業が必死に取り組んでいる、リチウムイオン電池の固体電池化である。リチウムイオン電池は旭化成株式会社名誉フェローの吉野彰氏が発明、開発したもので、2019年、吉野氏はこの研究でノーベル化学賞を受賞している。リチウムイオン電池は、電解液の中の正極と負極の間をリチウムイオンが移動することで充電や放電を行う。この電解液の代わりに固体を用いて固体電池化することで、電池の持ち時間が増え、充電時間の短縮も可能になる。そこで国を挙げて「電気自動車の将来は、リチウムイオン電池の固体化にかかっている」とばかりに、トヨタ自動車等の国産自動車メーカーが取り組んでいるわけだ。

しかしここでも、日本は「電池」という具象、目に見える「もの」で、技術革新を追求しようとして迷走している。

「固体電池が全てだ。それによって、日本はEVの世界を制覇することができる」という思い込みは、ユダヤ人から見ると、「大いなる自己満足の迷路に入ってしまった、井の中の蛙《かわず》だ」となる。

世界では今や、一度の充電による走行可能距離を重要視するEVの購入者はほぼいない。

なぜなら、アメリカでも中国でも、街のいたるところに高性能な充電ポイントが設置されているからだ。スーパーマーケットでも郵便局でも、人が車で行くような場所、その駐車場には、ちゃんと充電ポイントがある。ちょっとした駐車のついでに、こまめに充電ができる環境にあるため、そもそも充電時間短縮の必要性がない。さらに、プラグインハイブリッドカー（PHEV）もある。これはコンセントから差込プラグを用いてバッテリーに充電できるようにした車なので、自宅の車庫に停めている時間を利用できる。交換電池の自動販売機も普及してきている。これらの世界的な潮流から見れば、リチウムイオン電池の固体電池化は、世界が求めるイノベーションの範疇《はんちゅう》ではないことが、一目瞭然だろう。

まさに「木を見て森を見ず」で、固体電池化へのこだわりは、日本のものづくりイノベーションが陥りがちな、典型的な戦略ミスと言えるだろう。今後日本も、ガソリンスタンド以上に充電ポイントが普及すれば、「今のリチウムイオン電池で十分」となる。では、日本におけるEVのイノベーションとは何か？　それは固体電池化ではなく、一刻も早く、全国に高性能の充電ポイントを100万基、200万基と普及させることだろう。実際、テスラのCEOイーロン・マスクは、それをやり遂げた。アメリカには至るところにテスラの高性能の充電ポイントがあるので、テスラは売れるのである。

日本の自動車産業が見誤った点は、固体電池化ともう一つ、自動運転の性能だ。アメリカのサンフランシスコではすでに自動運転のタクシーが認可され、街中を普通に走っている。それだけ自動運転機能が強化されている証左で、電池能力とは全然関係ない。テスラの自動運転は、ハンドルに手は載せてはいるけれど、ハンドル操作はほぼ不要だ。なぜなら、テスラの自動運転機能は数か月に一度の頻度で、ソフトウェアのアップデートをしているからである。テスラのクラウドからネットを通じてそれぞれオーナーの車に、最新鋭の自動運転ソフトがダウンロードされるため、自動運転性能は日々進化しているのである。かたや日本では、自動運転のソフトウェアを数か月に一度の頻度でアップデートするクラウドを持っている自動車メーカーは1社もない。ことほど左様に、日本はイノベーションの方向を見失っている。

かつて理化学研究所の研究員だった小保方《おぼかた》晴子氏は、2014年にSTAP細胞の論文をNature誌に発表し時の人となったが、自身の博士論文も含めて論文不正や研究実態の疑義が問題となり、STAP細胞の論文は撤回された。あくまでも不正や偽証が全くなかったという前提での話になるが、この顚末《てんまつ》でユダヤ人として見逃せなかったのが、「小保方理論によるSTAP細胞には、再現性がない。ゆえに科学ではない」と片付けられた点にある。

STAP細胞は、「刺激惹《じゃっ》起性《きせい》多能性獲得細胞」と言い、人為的な操作によって様々な細胞になれる能力を持つに至った多能性細胞を言う。この学問的な着眼点は、ユダヤ人から見れば、「世界を席巻する大いなるイノベーション」となる。実際、ヘブライ聖書にも、99歳のエイブラハムと、その妻の90歳のサラとの間に自然妊娠が起こり、自然分娩でアイザックという息子が生まれた物語がある。もしも小保方氏がユダヤ人であれば、「ヘブライ聖書にあるこの生殖細胞の若返りこそ、STAP細胞を意味するのではないか」という仮説のもとに、学会やメディアに抹殺されることなく、研究を続けることができたはずである。では、なぜユダヤ人から見れば、「STAP細胞はアリ」となるのか。答えは明快で、ユダヤ人にとって科学とは、「再現できないもの」であることが、自明の理であるからにほかならない。なぜなら、この宇宙、世界こそ、神が作られた「再現性のない科学」そのものの象徴であるからだ。

冷静に考えてみてほしい。この世界は、科学的に再現できないことで満ちている。多くの人が科学だという「ダーウィンの進化論」は、果たして人間が再現できるものだろうか？　さらに言えば、「宇宙の創造」を人間は再現できるものだろうか？　再現できるのは「神のみ」である。ヘブライ聖書の物語にある「ノアの方舟」でも、地球的規模の大洪水が起こる。しかし日本人の多くは、「富士山の頂上が水没するような大洪水は、(再現性がないから)起こり得ない」と言うのだ。そして、東京電力の福島第一原子力発電所を襲う津波は、15~17メートルという試算を出したにもかかわらず、対策を取らなかった。それが、東京電力の科学だったのだ。だが、実際はどうだろう。15メートル級の津波は、「東日本大震災」という、神の見えざる行為で再現されたではないか。仮に人間が地震を再現しようと、地中にダイナマイトを1万個埋めて爆発させたとしても、マグニチュード9・0という規模の地震を起こすことはできない。

すなわち神の行為というものは、人間が再現できないものなのだ。けれども、「その出来事の中にこそ、サイエンスの芽が隠されている」とユダヤ人は考える。「再現性の中にある科学」として、現代の最新事例は何かというと、本章でも紹介する水素による核融合だろう。日本でも、トヨタが「水素エネルギーの自家用自動車」を目標に掲げているが、神はとっくの昔に、水素による核融合を太陽という天体ですでに実現しておられる。

日本人の言うイノベーションでは、再現性が重視される。トヨタがやっても、島津製作所がやっても同じようにできるものが再現性であり、「リチウムイオン電池の固体電池化は再現性があるから、それこそが科学だ、イノベーションだ」などと騒いでいる以上は、絶対にユダヤに追いつくことはできない。ユダヤ人は、「再現性のないものを考えつくことが、すなわちイノベーションである」と捉える。なぜなら、その根拠がヘブライ聖書にあるからである。

日本では、「忠臣蔵」の赤穂浪士に拍手する人が多いだろう。忠臣蔵は、言わずと知れた、吉良上野介《きらこうずけのすけ》を斬りつけて自害させられた浅野内匠頭《あさのたくみのかみ》の家臣たち、赤穂浪士による仇討ちの話だ。しかし、この事件はユダヤ教徒にすると、「とんでもないテロリスト集団だ」となる。なぜかと言うと、ユダヤ教において「身内の正義」というものは、あってはならない考えだからである。正義とは、神が決めるもの。神が決めた正義とは、十戒の中にある「汝、殺すなかれ」。従ってユダヤでは、人間が吉良上野介を殺すことは許されない。いかに忠義からの仇討ちであったとしても、神の目から見れば、十戒の教えに違反することになる。ユダヤ教徒から見れば、それは勝手な、あくまでも狭い社会の中でしか通用しない「身内の正義」で、本来の正義とは言えない。

この違いは、日本企業と外国企業、あるいは日本社会と外国社会、とくに西洋社会という観点から見ると、非常に大きな違いに繋がっている。日本企業ではよく、「社内の正義が自分の正義」「社内の正義が世界の正義」という錯覚に陥る人が多い。けれど西洋社会では、「社内の正義」などという甘い概念はあり得ない。赤穂浪士による仇討ちは、神という概念を持つユダヤの世界にはあり得ない話なのである。

だから、「社内的に正しい」という正義にのみとらわれているビジネスパーソンは、気をつけた方がいい。結局それは、神の手によって徹底的に潰されることとなり、ひいてはイノベーションにも発展しない。日本以外の社会、とくにユダヤ社会はつねに「神の正義」という、みなさんとは全く違う価値基準で動いている。これから国際社会で活躍される若い方々には、このことをしっかりと覚えていてほしいと思う。

共通言語を得た者が、巨万の富を得る

バベルの塔の物語

ノアの大洪水の後、人間はみな同じ言葉、同じ言語を使って話をしていた。人々は東に移動しながら暮らし、やがてシナルという土地にたどり着いた。

そこで人々は、神が作った石の代わりにレンガを作り、漆喰《しっくい》の代わりにアスファルトを作る技術を身に付けていった。しかし、こうした技術の進歩は、次第に人間を傲《ごう》慢《まん》にしていく。天まで届く塔を建てて町を作り、有名になろうとした。

「我々は、もう神に近づいた」

「これでもう、神を恐れる必要はない」

「この高い塔こそが我々の神だ」

とばかりに、どんどんどんどん、塔の高さを上げていった。

その様子をご覧になった神は、人間の傲慢な企てに怒った。これを放置しておけば、人間はますます傲慢になり、神をも恐れぬ存在になり、高い塔を崇めるようなことになるだろう。偶像崇拝を厳しく禁じるユダヤの神は、「これは神に対する冒涜《ぼうとく》行為である」と、バベルの塔を一瞬にして崩壊させてしまった。

さらに神は、「このような状況になったのは、人々がみな、同じ言葉を使っているせいである」と考えた。そしてバベルの塔を破壊した後、神は人間の言葉をバラバラに分断してしまった。

世界中に多様な言葉が存在するのは、バベルの塔を建てようとした人間の傲慢を、神が裁いた結果である。なぜなら神は、このように考えたからだ。

「人間においては、部族と部族、民族と民族、国と国、地域と地域、それぞれ全く別の言葉にしてしまおう。そうすればお互いに言葉が通じなくなり、バベルの塔のような、傲慢な振る舞いに及ぶことはなくなるだろう。言葉をバラバラにすれば、お互いに何をしゃべっているのか、何を書いているのか、文字も全くわからなくなる。そして傲慢さを失い、神に対して謙虚になるだろう」

この物語には、財産形成と蓄財術の秘密が語られていると、ユダヤ人は読み解いた。その解釈とは、「世界の共通言語を作れば、ユダヤ人はどの時代、どの世界、どの地域においても、バベルの塔ならぬ巨大な財産を形成することができる」というものだ。言語を統一したものは、人間社会において、絶大な権力を獲得する。すなわち、統一言語こそが世界を支配し、頂点を極める可能性を持っている。171ページの説話でもお伝えするが、ユダヤ人は、「形のないものこそ、金儲けの源泉である」と知っていた。つまり言語（言葉）こそが「形のないもの」と捉えたのである。

「共通言語を作ることは、神の教えに反することではないか」と考える読者の方もいるだろう。たしかにその疑問は的を射ているが、神は「共通言語を作ってはいけない」という禁止命令をヘブライ聖書では発しておられない。しかしいずれ神は、共通言語によって得た人間の利益、成果を収奪、破壊されるだろうと私自身は思っている。例えば、現代社会における共通言語の成果物と言えば、人工知能のＡＩである。このＡＩがもはや人間が制御できない存在になってしまった時、第二の「バベルの塔」の破壊が起こるのではないだろうか。

さて、現代社会でいう最もわかりやすい共通言語は英語であろう。英語が堪能な人ほどビジネスシーンに強いのはもはや常識で、『Forbes』の世界長者番付などを見ても米英系の企業、米英系の大富豪と、巨大な財産を形成しているのは米英人に多い（あるいは英語を繰る民族、母国語にしている民族に多い）。

そこでユダヤ人は、「ヘブライ語だけではなく、少なくとも英語は使いこなせなくてはいけない」と考えた。世界各地に住んでいるユダヤ人は、例えばエチオピア在住であればエチオピアの言葉を話すと同時に、ヘブライ語と英語も使いこなしている。ユダヤ人の多くは、基本的にバイリンガル以上のトリリンガルだ（お金を稼ぐ時には、英語を使う）。

翻って日本の現状を見ると、英語を母国語のように、自由に使いこなせる人は、いまだ少ない。「日本以外に支店も営業所もなく、顧客は日本人だけ」という純然たる日本企業が内需だけで潤っていた時代は、すでに終わりを迎えている。ご存じの通り、今、日本のマーケットはどんどん縮小しているし、文科省も英語教育のあり方を変えていこうとはしているものの、動きが遅すぎていまだ改善には至っていない。

ユダヤ人は、さらにこうも考えた。

「英語以外で、何か別の世界共通の言語を作ることができたなら、もっと金を稼ぐことができるのではないか」

そこでたどり着いたのが、プログラミング言語である。

「アルゴリズムやプログラミング言語を学び、徹底的に能力を発揮していこう。そうすれば、巨万の富を築くことができるだろう」

そう結論づけたユダヤ人は、やがてITの分野で台頭していくこととなる。既述の通り、今や世界のIT産業の中核を担っているのはほとんどがユダヤ人だ。シリコンバレーなどのテックシティでは、ユダヤ人はプログラミング言語を駆使し、巨大な企業帝国を作っている。

IT長者として知られるユダヤ人は多いが、21世紀になって、アルゴリズムの世界で頂点を極めた男がいる。それが、幼少期から親にプログラミング言語の英才教育を受けて育ったジョニー・スルージだ。

いかなる人物かというと、彼はアップル社の経営陣の上層部、上級副社長（SVP）であり、かのスティーブ・ジョブズが自分の年収の4倍でアップルに引き抜いた男である。みなさんが日々使っているiPhone（12以降）などに使用されているアップル独自の半導体ICチップ「アップルシリコン」を設計した人物で、世界最高級の性能を誇るこのハンドヘルドチップ&VLSI（超大規模統合半導体）は、日本のスーパーコンピューター「富岳」の何倍もの働きをすると言われている。ジョニー・スルージのことは知らずとも、このアップルシリコンについては、ご存じの方も多いことだろう。

ユダヤでは、子どもが小学校に入る少し前、言語習得能力が最も花開くその時期に、親が英語はもちろん、徹底したプログラミング言語の教育環境を与えている。なぜなら、それが最も金儲けに繋がる道と知っているからだ。本書で紹介しているユダヤの教えも親が子どもに語り継いでいるように、ユダヤにおける教育の根幹は家庭教育にある。

イスラエルのハイファで、大学教授の親の元に生まれたジョニー・スルージは、幼少期からの英才教育のおかげで、子どもの頃から「コンピューターアルゴリズムの天才少年」

の呼び名をほしいままにしていた。やがてその評判は、同じハイファにある、イスラエル工科大学（テクニオン）のコンピューター学部の教授たちの耳に入ることとなる。テクニオンの教授たちはこぞって、まだ小学生だったジョニー・スルージに、コンピューターの基礎理論やデータサイエンスの基礎を教えこんだ。おかげで彼はまだ十代のうちにコンピューター学部を最優秀の成績で卒業し、その後インテルに就職、半導体設計の責任者となった。インテルの半導体は、彼がそのアルゴリズムを書いていたのである。

ジョニー・スルージの存在を全然知らなかった日本の半導体メーカーに反して、この情報をつかんでいたのが、アップルのスティーブ・ジョブズである。「情報こそ、大金持ちになる基本」とはユダヤの鉄則であるが、その情報を知ったジョブズは、すぐさまインテルにいた彼の元におもむきこう告げた。

「アップル社は、いずれ半導体を内製することになる。つまりこれからのアップルは、半導体にかかっているのだ。君にその全ての半導体設計を任せるから、ぜひアップルに来てくれ。ついては、私の年俸の4倍（40億円）を約束する」

バベルの塔の崩壊の物語から得られたユダヤの金儲けの原則は、「言語を支配する者こそが社会を支配する」である。すなわち、「アルゴリズムを自由に操るものが、ＩＴの世界を支配することができる」ということだ。そして、ジョニー・スルージを引き抜いたアップル社は、今世界中の富を一身に集めている。この現実こそが、「形のないものにこそ、金儲けのチャンスがある」という教えを体現している。

かくして日本の半導体メーカーは、アップルシリコンとインテルのＩＣチップのもと、惨敗を喫した。日本にも当然、半導体を作る会社はいくつもある。しかし、日本が得意とするのはパワー半導体とメモリー半導体であり、ＣＰＵなど頭脳としての役割を果たすロジック半導体ではない。アップルシリコンのようなロジック半導体こそが、現在の中心的存在であるにもかかわらず、この分野で日本は手も足も出ない。

世界のＩＴ業界を牛耳るようになったこの一連の流れは、虐げられたユダヤ人が、その追い込まれた苦境の中からつかんできた結果と言えるだろう。日本人もそのような苦境に立たされれば、ユダヤ人と同じように富を手にすることができるのだろうか。

じつは、それができていた時代が第二次世界大戦の直後だった。焼け野原となった日本には、本田技研工業の本田宗一郎、松下電器産業（現・パナソニック）の松下幸之助、ソニーの井深大《いぶかまさる》など、イノベーションを起こし、立ち上がってきた偉大な創業者たちがいた。しかし、今やそういう人たちが生まれてくる素地も土台も余地もなくなってしまったのだ。

日本の半導体の行方

半導体ビジネスといえば、日本にも「世界最先端のロジック半導体を目指す」として2022年に生まれたラピダス株式会社がある。

半導体の国産化を目指すため経産省が主導したラピダスは、トヨタ自動車やNTTほか、ソニーグループ、ソフトバンク、デンソー、NEC、三菱UFJ銀行といった、日本の錚々《そうそう》たる主要企業が出資して設立した企業で、これまで800億円以上もの出資を受けている。つまり、日本の半導体を復活させるための中心的存在、日本復興のシンボルなのだ。

ラピダス設立から遡ること約20年前。1999年にも、エルピーダメモリ株式会社という、国策半導体企業が設立されたことがあった。DRAM（ダイナミック・ランダム・アクセス・メモリ）の開発・設計・製造・販売を手掛ける企業として、ラピダス同様に大手企業による出資が話題になったものの、製造コスト高や円高、DRAM需要の低迷に伴って業績は悪化の一途をたどり、経営は破綻。2012年に会社更生法の適用を申請、20

13年にはアメリカのマイクロン・テクノロジーの完全子会社となった。そうしている間に、メモリー半導体はロジック半導体が主流となり、日本はインテルや米国勢、韓国勢、台湾勢にどんどん先を越されてしまったわけである。

そこでもう一度、ロジック半導体の開発で何とか日本を復興させようと、通産省官僚出身の西村康稔《やすとし》経済産業大臣が先のラピダス設立を後押ししたわけであるが、さてここでユダヤ教の観点から、このラピダスの公式サイトにある採用情報ページを見ていこう。

第一章では、神が投げかけた言葉として、「レハレハの精神」について紹介した。「レハレハの精神」とは、形のあるものを徹底的に壊すというユダヤ教の精神そのものであり、現状を破壊していくことだ。「現状維持」に走りがちな日本は、この破壊ができないゆえに、産業の再生にもスピードが伴わない。じつはラピダスの採用応募フォームが、まさにそのことを物語っている（2023年11月現在）。関心のある方は、ぜひインターネットで実際の応募フォームを見てほしい。

応募フォームの氏名を入力させる欄は漢字。ふりがなに至っては、「全角カタカナのみ」とある。さて、この応募フォームでどのように、外国人技術者を採用するというのだろうか。仮にIT技術に精通したインド人が応募しようと思っても、インド人の持っているパソコンでは、「全角カタカナ」の入力など不可能である。「レハレハの精神」とは、「現状を破壊して、父と母のもとからできる限り遠くへと飛び出せ」ということだ。ユダヤ教の観点から見ると、この応募フォームは日本語入力しかできないのであるから、イコール「採用は日本人のみ」と言っているわけである。つまり「父と母のもとに、できる限り留まれ」と、正反対のことを伝えているのだ。

一方、台湾による世界最大級の半導体ファウンドリーTSMC（Taiwan Semiconductor Manufacturing Company）の採用サイトでは、どんな応募方法を取っているのか見比べてみよう。画面を見ればわかるように、言語は日本語のほか、中国語、台湾語、英語が選べるようになっている。台湾の会社でありながら、様々な言語に対応しているわけだ。TSMCはユダヤの企業ではないものの、応募フォーム自体が、「レハレハの精神」を実現しており、自国に留まらず、世界に向けて旅立っている。

もう一つ、「レハレハの精神」を実現している例は、半導体メーカーのトップ企業のインテルだ。

ユダヤ企業のインテルでは、毎年「インテルライジングスター」として、世界の半導体科学者の中でも、とくに優れた業績を上げている若手の科学者に対して表彰を行っている。

2022年度で選ばれた受賞者のプロフィールを見ると、そのほとんどがインド系、アジア系の科学者、研究者たちである。1人ひとり在籍している大学名を見ても、アメリカ以外ではインド工科大学をはじめ、イスラエル工科大学のテクニオン、アイルランドのダブリン工科大学など、国際色豊かだ。さらにいうと、受賞者の半分は女性。そして半分以上が有色人種。白人はというと1~2人しかおらず、まさにこれが「レハレハ」を体現しており、半導体の最先端の研究のために、世界中から人材を発掘しているというわけだ。

かたや日本の半導体の中心企業であるラピダスでは、研究者たちをどこから集めるのだろうか。西村経済産業大臣は、ラピダスと同時に「技術研究組合最先端半導体技術センター（LSTC）」という新しい組合を設立。LSTCの成果をラピダスが事業化するという構想はわかるが、この研究基盤はというと、インテルのような世界各地の大学ではない。つくばの産業技術総合研究所や神戸にある理化学研究所、そして東大などの主要機関。つまり、全て日本で行おうというのである。世界の半導体の最先端研究といえば、今やアメリカを中心として、イスラエルやインドなどで行われている。日本の産総研や理研、東大などのみで、それらに対抗する最先端の研究成果を上げることができるのか。考えただけでも「否」である。

これは「レハレハ」とは正反対の、日本の中で、さらに「内へ内へ」という思考に陥っている状態だ。ヘブライ聖書がユダヤ人に最初に教える最も重要な教義とは全く逆の思考であり、このままではいずれ大きな逆境に直面するだろうと、私は見ている。本書を読んでいただくことによって、いかにここから、反転攻勢をする世代が生まれてくるかを期待したい。

投資をするなら、無形のものに

メロディを買った娘婿

ある村で、貧乏なユダヤの青年と、裕福な家に生まれたユダヤの娘とが、両親の計らいで婚約した。

その地域の有力者であった娘の父は、若い二人に高額な支度金を渡して、こう言った。

「このお金で町に行き、新婚生活に向けて家財道具でも買ってきなさい」

市場へと向かった二人は、その道の途中で、美しいメロディを聞いた。どこから聞こえてくるのかと道を進むと、ハープ（竪琴）を奏でる羊飼いの少年を見つけた。

青年は「そのメロディをぜひ教えてください」と、少年に頼んだ。少年は「いいですよ。ただし授業料は100シュケルです」と言った。

100シュケルは大金だったが、青年はお金を払っただけでなく、さらにこう言った。

「第1楽章だけではなくて、第2楽章も教えてくれませんか?」

羊飼いの少年は、「はい。ではまた100シュケルいただきます」と言うので、200シュケルを払った。しかし曲はまだまだ続く。あまりにも美しい調べなので、ついに最後まで曲を教えてもらうことにしたら、あっという間に、娘の父からもらった支度金を全部使い果たしてしまうことになった。

婚約者の家に戻ると、娘の両親は「どんなものを買ったのかい?」と青年に聞いた。

青年は正直に、「大変申し訳ありません。じつはハープの音の美しいメロディを買うためにお金を使い果たしてしまい、家財道具は買えませんでした」と説明すると、婚約者の両親は怒るどころか逆に、「それでこそ娘の結婚相手に相応《ふさわ》しい!」と膝をたたき、若い二人を大いにほめ称《たた》えたのだ。

青年は自分のハープを工夫して作り、そのメロディを演奏し、また多くの人にも教え、その曲で多くの人が幸福な気持ちになった。そうして年月が過ぎ、青年も年をとって天国に召されたところ、なんと天国でそのメロディが奏でられていたのだった。青年の魂は、最高の安らぎを与えられることになった。

説話に登場する花嫁の父親は、支度金で家財道具を買わず、ハープのメロディを買った娘婿をほめ称えた。それこそ最もユダヤ的な金の使い方だったからだ。しかし日本人のみなさんならば、どう答えるだろう?

「可愛い娘を思って、家財道具を買うために大金を渡したのに、それを1円も残さずに、音楽に使ってしまうとは何たることだ。そんな生活設計も金銭感覚もない奴に娘をくれてやるわけにはいかん!」となるのが、日本の感覚だと思う。しかしユダヤでは、家庭教育として、この話を子どもたちに教えている。

この説話が教えていることは何か。その本質は、「音楽に金を使うのがいい」と言っているわけではなく、「家財道具という〝もの〟ではなくて、知的財産にこそ投資する姿勢が極めてユダヤ的である」ということだ。作曲能力など、音楽によって象徴される価値は、頭の中に入れ、いつでも身一つで持って逃げることができる知的財産である。その知的財産の最先端が、コンピューターアルゴリズムに代表されるITやAIのジャンルだろう。音楽も同じで、音楽家というのは、楽器さえあればどこでも金を稼ぐことができる。こういう無形のものにこそ、ユダヤ人は財産的価値を見出す、というわけだ。

前述の「バベルの塔の物語」にも、そのエッセンスが含まれている。それは、「形あるものはつねに破壊される」ということだ。従って、いくら形あるものに投資しても仕方がない、ということも教えている。

イタリア人台本作家ロレンツォ・ダ・ポンテは、この教えを忠実に守った。イタリアのヴィットリオ（現ヴェネト州）で、ユダヤ人の皮なめし職人の子として生まれたユダヤ系イタリア人のポンテは、モーツァルトの三大オペラと言われる「フィガロの結婚」「ドン・ジョヴァンニ」「コシ・ファン・トゥッテ」の台本作者として知られている。つまり、モーツァルトの楽譜に合わせてオペラの脚本とセリフを全て作り、その文才で生計を立てて、モーツァルト以上の大金持ちになった。なぜなら、たとえ素晴らしい作曲家がいても、セリフを作り、脚本を作るという影の主役がいなければ、オペラというものはこの世に生まれないからである。

ダ・ポンテのように、文才を生かして成功したユダヤ人は多く、米国の現国務長官アントニー・ブリンケン（ユダヤ系アメリカ人）も、その一人として有名だ。ハーバード大学の学生雑誌『ザ・ハーバード・クリムゾン（英語版）』の共同編集者だったブリンケンは、その文才を見込まれて、政治の世界に入った。

そしてもう一つ、あらゆる学問の中で最も「形のないもの」は何かというと、それは経済学であり、ここにもユダヤ人がその力を発揮している。90歳という最高齢で受賞したレオニード・ハーヴィッツを筆頭に、ノーベルの経済学賞受賞者に多くのユダヤ人がいるのがその証拠である。ちなみに、日本人ではノーベルの経済学賞受賞者はいない。

また、経済界の要職であるアメリカのＦＲＢの議長（米国の中央銀行にあたる連邦準備制度理事会のトップ）にもユダヤ人は多い。政策金利を大幅に引き上げ、インフレを封じ込めた功績で知られるポール・ボルカーのほか、ジャネット・イエレン、アラン・グリーンスパン、ベン・バーナンキなど、歴代の錚々《そうそう》たるメンバーがユダヤ人である。

つまり、形のない学問にこそ、ユダヤ人は力を発揮する。形あるものに投資しても、神に潰されて損をしてしまうが、無形のものに投下した財産に対しては、神も手出しができない（だから、金儲けができる）。それらの教えがどこから来ているのかというと、このメロディを買った花婿の話であり、バベルの塔の崩壊の物語が由来となっているのだ。

そしてこの説話こそ、現代の日本人にも語られる必要がある物語ではないだろうか。

昭和の頃までは、多くの人が身の丈に合った収入で、それに見合った使い方をしていた。しかし日銀が２０１３年、脱デフレを掲げて国債購入上限を80兆円まで引き上げ、さらにコロナ禍の２０２０年にはついに国債購入額の上限を撤廃し、借金漬けの国に変わってしまったのである。

つまり、国債を発行すればいくら借金をしてもいい。だから、いくらでも国債を発行すればいい。そのお金で、いろいろなものを作ろうじゃないか。高速道路を日本中に作り、新幹線も日本中に走らせる。そして地方の村々に至るまで、立派な公民館を作ってオペラのような演目をやろう。

しかし形あるものは、年月が経つとメンテナンスが必要になる。国債で大量に作った日本の高速道路が今やいたるところで劣化して、そのメンテナンス費用は何兆円にも上ると言われている。各地に作った公民館ならぬ音楽ホールやらも、利用客が減り、メンテナンスの負担ばかりが増え、閉館も相次いでいる。これは最も反ユダヤ的なお金の使い方を、国債という名の借金で行ったのだ。

日本は、教育という無形のものにも予算を向けてこなかった。かつては科学技術庁という科学技術を推進する行政機関もあったものの、それもいつの間にか文部省と統合されてしまった。科学技術なんかどうでもいいよ。万博をやればいい。オリンピックをやればいい。博覧会があればいい。インバウンドで外国人旅行者が入ってくればいくらでもお金が儲かる。どんどんホテルを作ろう……。日本は、ヘブライ聖書が、最もＮＧとしているお金の使い方を、国として行っているようにしか私には見えない。

技術革新にこそ、蓄財の基本がある

ジェイコブの畜産技術

双子の兄・エサウから族長権（部族の長を受け継ぐ権利。142ページ「ジェイコブとエサウの争い」参照）を騙して奪い取ったジェイコブは、その後、エサウから命を狙われ、親戚の家に身を寄せることになった。

田舎の土地に逃れたジェイコブは、ふと立ち寄った井戸で、レイチェルという美しい娘にひと目惚れしてしまう。ジェイコブは、すぐにレイチェルの父親・ラバンのもとを訪ねて、「レイチェルと結婚させてください」と申し出た。

才気煥発《かんぱつ》で頭の良さそうなジェイコブを見たラバンは、「私のために一生懸命働くというのであれば、7年後に結婚を認める」と告げた。レイチェルと結婚したい一心のジェイコブは、7年間、ラバンの牧畜業に粉骨砕身の気持ちで働こうと心に決めた。

ジェイコブが一生懸命に牛の世話をしたため、ラバンの牛はどんどん増えていった。

しかしラバンは悪智恵を働かせて企んだ。

「しめしめ。7年経ったとしても、もうあと7年ジェイコブを騙して縛りつけ、もっともっと牛を増やさせよう」

ジェイコブが牛を増やすことに成功したのは、健康で丈夫な雄の牛と、多産の雌の牛を掛け合わせることにより、健康な牛を多く産む組み合わせを研究した結果だった。「どういう牛とどういう牛とを掛け合わせれば、よりお乳を産出する牛が多く生まれるか」という研究を重ねたジェイコブは、詳細なノートをつけ、畜産技術を身に付けていったのである。

さて7年後、ラバンのもとへ行ったジェイコブは再び、「レイチェルと結婚させてください」と頼んだ。

結婚式の初夜の日。花嫁がベールを被る習慣を利用して、ラバンはレイチェルの代わりに、姉のレアを初夜のベッドに潜り込ませた。ジェイコブが気づいたのは、レアと一夜を過ごしてしまった後。

時すでに遅く、ジェイコブは泣く泣くレアを妻として迎えて、あと7年間を過ごすことになってしまった。しかし、ジェイコブのレイチェルに対する愛は深く、より強いものになっていった。

ずる賢いラバンはジェイコブに言った。

「そんなにレイチェルが好きなら、レイチェルとも結婚することを認めよう。その代わり、あと7年間は無給で丁稚奉公をすることが条件だ」

この14年の間で、牛の優生学に目覚めたジェイコブは、手探りで研究を続け、現在の「ホルスタイン」の原型となる牛を産ませることに成功した。

14年後、さすがにジェイコブは、ラバンの悪巧みに気づいた。そして自分の生み出した当時の遺伝子技術によって、弱い病気の子どもばかりを産む牛はラバンのもとに残し、多産で健康な子どもを産む牛だけを連れて、レイチェルとともに丁稚奉公から逃げ出した。

その後ジェイコブは、お乳をたくさん出す牛の生育に成功し、莫大な資産を築いて、その地域最大の富豪にのし上がっていった。

「技術やサイエンスのイノベーションをもとに、財産を形成せよ」

こうしたユダヤ人の技術偏重主義、サイエンス重視主義はどこから来るのか。それはこのジェイコブとラバンの家畜という財産をかけた駆け引き、畜産技術の研究の説話が土台になっている。

不思議なことに、京都の祇園祭で引かれる山鉾の一つ「函谷鉾《かんこぼこ》」の前掛《まえか》けに使われている16世紀ベルギー製のタペストリー（毛綴《けつづれ》）には、先述のジェイコブが井戸の側でレイチェルを見初めた時の物語が描かれている。このことから、「ユダヤ人が日本を、奈良時代以前に訪れていたのではないか」という説もあると聞く。京都の祇園祭とユダヤ教の物語がどこで、どういう接点があるのか。なぜ祇園祭の山鉾のタペストリーに、ジェイコブとレイチェルの絵が描かれているのかは、今も謎である。

とはいえ京都は、日本の中でも最もベンチャー企業の多い町である。島津製作所、京セラ、オムロン、堀場製作所、村田製作所……等々、錚々たる企業が名を連ねている。私にはヘブライ聖書に書かれたジェイコブの物語と京都という町が、「技術革新」という一点で結ばれているような気がしてならないのだ。

話を戻すと、ユダヤ人はこのジェイコブのように、科学的探究によって、神と対話をしている。ジェイコブが牛の遺伝子交配で成功して儲けた物語は、逆境から生まれたイノベーションの代表例だ。そもそもユダヤ教においては、「神と対話できるのは、サイエンスしかない」とも教えられている。我々ユダヤ人は一日3回、神に祈りを捧げるが、祈りは「神との対話」として位置づけられており、そこにはもちろん、科学に対する探究心も含まれている。

ユダヤの家庭では、年中親が子どもにこの話をする。財産形成にはとにかく技術、サイエンス、とくに生命科学が重要だと語り継ぐのがユダヤ人の伝統になっている。

その伝統が数千年を経て、２０２０年、「遺伝子操作」という形で花開いたのが、ファイザー社（米国本社）によるCOVID-19のワクチンだ。ファイザー社のＣＥＯアルバート・ブーラは、ギリシャ系ユダヤ人で、生命科学と薬学の道で頂点を極めた。誰も見向きもしなかったメッセンジャーRNA（mRNA）という遺伝子を操作できるタンパク質の重要性に着目し、COVID-19のワクチンをいち早く世に送り出すことができた。

今日の遺伝子操作は、この「ジェイコブの畜産技術」という、逆境から生まれたイノベーションの物語が起源となっているのだ。

ヘブライ聖書の教えと現代科学
――ユダヤ人と再生可能エネルギー

「入ってくる時にはペアで、出る時はバラバラになり、エネルギーを生み出す」というノアの方舟の法則に当てはまるもう一つの例に、石油や石炭がある。

太古の生物や樹木が地中深く埋没し、長い年月をかけて化学変化を起こし、やがて生まれ変わったものが、石油や石炭である。

神はもともと「それらを人間が勝手に取り出すことは許さない」とし、地中の奥深いところに閉じ込めていた。しかし、そうした神の意図に反して、人間は石油を地中深くから取り出し、燃料として使ったことで産業革命の歴史が幕を開けた。やがて石炭を燃料として走る蒸気機関車も誕生し、石油を燃やすことによって駆動するガソリンエンジンの内燃機関も登場した。

しかしユダヤ教徒の間では、そういったエネルギーの誕生は、「神が本来考えておられた設計図とは違うのではないか」と考えている。先述した核分裂の事例とは違い、「石油や石炭を掘り出して燃やすというのは、神の教えに反した行為である」というのがヘブライ聖書から得た結論なのだ。

そうしてユダヤ人のイノベーションは、「再生可能エネルギー（リニューアブルエナジー）」という方向に向かっていく。

再生可能エネルギーとは、石油や石炭、天然ガスといった神がわざわざ地中深く埋めて人間が取り出すことをよしとされなかった化石エネルギーではなく、太陽光や風力、地熱など、自然界につねに存在するエネルギーのことを指している。特徴は、「枯渇しない」「どこにでも存在する」「CO2を排出しない（増加させない）」の3点だ。

そこで現代のユダヤ人の研究開発の中心は、再生可能エネルギーの一つ「水素エネルギー」の一点に向かっている。水素を生むために石油や石炭を使ってはならないため、太陽光発電や風力発電、水力発電によって得られた電気を使い、水を電気分解して水素を取り出す。今イスラエルではそれが最先端の水素生成技術であるとされ、イスラエルのスタートアップ、水素燃料製造のH2Pro社が、有力なテクノロジー企業として投資家の注目を集めている。このＨ２Ｐｒｏの、イスラエル工科大学が開発した水素製造技術をもとにしたＣＯ２を発生させない低コストの水の電気分解方法は、ユダヤ人の科学者集団による実証実験が行われており、商業生産の一歩手前に入っている。同じくイスラエルのスタートアップElectriq-Global社は、「ＫＢＨ４」と呼ばれる粉末水素での保存方法という革新的な技術を開発し、注目を集めている。水素は、圧縮し、液体化しなければ運ぶことが難しい物質である。液体のままでは、相当な容量を持つ巨大タンカーやトラックが何台も必要だが、粉末化した水素は、宅配便で送っても安全なのだ。

ヘブライ聖書では、「神は地球上には、水素（hydrogen）を置かれていない」と書かれている。創世記の物語「天地創造」では、神は2日目にこの世界を天と地とに分けられ、その地に水を満たされた。その後、３日目には、地上に草木を植えられた、とされている。つまり、神が地上に置かれたものは、地と水と、草木のみであり、水素は存在していない。現代科学においても、地球に水素は、Ｈ２という単体では存在しないことが確認されている。地球に存在する水素は、そのほとんどが「Ｏ」（酸素）と結びついた「Ｈ２Ｏ」（水）として存在している。みなさんも中学の理科の授業で習った、元素記号の化学式を覚えておられることだろう。

太陽に「H2」という形で置かれている水素は、核融合し、莫大なエネルギーを放出する（太陽は、水素の核融合で永遠に燃えている）。しかし地球上では、このH2O（水）からO（酸素）を切り離さなければならず、そのためには電気分解という電気を使う方法がある。あるいはC（炭素）と結びついたH、すなわちメタン（CH4）、エタン（C2H6）、プロパン（C3H8）などの天然ガスからCを切り離し、Hを取り出す直接熱分解という方法があるが、これには数千度の高温を必要とする。

しかしH2Oの電気分解は、神が「（地球に）入ってくる時に結びつけたもの（H2O）」を、人間が勝手に分離させる行為である。また直接熱分解は生まれ出るエネルギーをムダに使ってはいけないという神の教えに反しているし、地球温暖化に影響を及ぼすことなく水素（H2）のみを取り出すことはできない。

「これは、神が求めている水素の取り出し方ではない」と理解しているユダヤ人は、いかに電力を使わずに水素を取り出すかを議論し、研究し、「グリーン水素」というテクノロジーにたどり着くことになった。グリーン水素とは、再生可能エネルギーで水を電気分解して作る水素のことで、生産過程でもCO2が排出されないため、脱炭素時代の新たなクリーンエネルギーとして注目されている。それが先のイスラエルの大学のH2Proが開発した水素生成法で、水を電気分解する時、H2だけが出てくる上、電力をほとんど使わないという画期的な新技術である。

いかに電力を使わずに水素を取り出すのか。その方法さえ身に付けることができれば、水素は新たなエネルギー資源になりうる。

このように、ヘブライ聖書の教えと現代科学はつねに、ユダヤ人が新技術を開発する時の条件になっている。ヘブライ聖書の教えに違反しない科学技術は何か。しかし結局は、そのような視点でユダヤ人が行う科学研究が、最先端の方向を指していくことになる。ユダヤ人が生まれつき、特別にサイエンスの能力が高いわけではない。ヘブライ聖書とタルムードの議論と科学。そしてそれらをベースとした神との対話こそが、ユダヤ人が最先端の科学研究で多くの成果を上げている最大の理由である。

さて日本ではトヨタが液体水素自動車を目標に掲げているが、水素をガソリンスタンドのように全国各地何万か所に配送するのは、技術的にも困難を極めるはずである。なぜなら、水素は一瞬でも空気と触れてしまうと劣化し、使い物にならなくなるからだ。また資源エネルギー庁によると、2019年の実績で、水素ステーションの整備コストは1か所につき土地代を除いて約4億5000万円と言われている。

これらの理由から「水素エネルギーの自家用自動車」という発想は、科学的にはあり得ない。鉄道や飛行機など、ある1点から1点まで運行場所が固定される移動手段には利用できるかもしれないが、行き先が不確定な自家用車ではあり得ない。テスラのCEO、イーロン・マスクはそこまでを見越して、科学的に「水素エネルギーの自家用車はあり得ない」と言っている。私の知る限り、水素を自家用車の燃料として使おうとしているのは日本だけだ。

ユダヤ人はうらやまない

汝、うらやむなかれ

汝、他人の奥さんをうらやむなかれ。

他人の奥さんが美人でグラマラスだといって、うらやんではいけない。

他人の奥さんが自分の奥さんより若いからといって、うらやんではいけない。

隣人の家が自分の家よりも豪邸だといって、うらやんではいけない。

隣人の持っている牛や羊や山羊が丸々太って、どんどんお乳を出しているからといって、うらやんではいけない。

隣人の使用人が自分の使用人よりもよく働くからといって、うらやんではいけない。

隣人の持っている荷車が自分の荷車よりも豪華だといって、うらやんではいけない。

隣人の家の門構えが立派で、自分の家の門構えがみすぼらしいからといって、うらやんではいけない。
隣人が立派で儲かっているからといって、うらやんではいけない。

神がモーゼに授けた十戒の教えは、「人類にとって、最も重要な戒律」としてユダヤ人は捉えている。

「汝、殺すなかれ」「汝、盗むなかれ」「汝、姦淫するなかれ」などは、日本でも聞いたことがある人はいると思うが、十戒の最後にある「汝、うらやむなかれ」という教えは、あまり知られていない。それは、ユダヤ人の根本的気質となっているほど重要なものだ。モーゼ五書には、先のように具体的な事例がいくつも細かく書き記されている。

「うらやむ」ということは、人間の基本的な心理であり、ユダヤ教においては最も忌み嫌われている感情でもある。

だからこそ、うらやまなくてもいいような生活を送るためには、どうしたらいいのか。そこでユダヤ人が導き出した答えは、「人と同じことをしなければいい」ということだ。

「うらやむ」という感情は、人と比較することで湧き出る感情でもある。人と同じ土俵で勝負をしようとするから、「勝った・負けた」などの比較がどうしても生まれてしまうのだ。

前述「ジェイコブの畜産技術」でも、ジェイコブは誰をうらやむでもなく、隣人の家畜（競合）と搾乳量を競うでもなく、決して人と同じことはしなかった。14年に及ぶ奴隷のような無給の労働、丁稚奉公の暮らしの中、ただ黙々と豊乳の牛が生まれる掛け合わせを自分だけの研究で見つけ出していったのだ。

ビジネスにおいても、人と同じことをしてマーケットシェアを競うと、人との比較や競争に勝つことばかりにとらわれてしまい、人生は不幸になる。経営学に「カニバリゼーション」という用語があるが、これは新規の自社商品が既存の自社の競合商品を侵食してしまう「共食い」現象のことだ。収益向上を目指して新商品を投入したはずが、結果として競合同士でマーケットシェアを争うことになり、収益が上がらず、結局は共倒れになってしまう。

だから「うらやむ」という、人間心理の最も基本的な欲望から逃れるためには、「人と違うことをしろ」ということになる。その教義をユダヤでは家庭で教えているため、仮に人と同じ競争をして敗れたとしても、子どもたちはみな、悔やんだり悩んだり、挫折したりはしないのである。そして、「汝、うらやむことなかれ」という教えを日々勉強しているがゆえに、人と同じことはやらないし、人と同じところで順位を競うこともない。ユダヤ人が日本人よりもイノベーティブな成功者が圧倒的に多いのは、宗教教義の有る無しによるところが大きいと言えるだろう。

ユダヤ人が起こすイノベーションや新技術は、研究であれ、起業であれ、人がすでにやっていることは、絶対に手を付けない。同じところに留まって同調圧力を受けるぐらいなら、ジェイコブのように、「そんなところからは飛び出した方がいい」と考える。ユダヤ人はとくにそういった傾向が強く、ビジネスシーンでもつねに、「独立」と「分裂」を繰り返している。そもそも、会社というものに入りたがらない。

一方、日本の場合は同調圧力が強い上に、出る杭は打たれる社会だ。しかも、「寄らば大樹の陰」という言葉が浸透している国民性でもある。定年で辞める人も、早期退職者募集制度に応募する人もいるだろう。けれども、今勤めている会社を、わざわざ上司と大喧嘩して辞める、なんていう人はなかなかいないだろう。

日本人の場合は、「前例がある」「他者もやっている」から安心だ、と考える。例えば上場企業の社内会議で、何らかの新規事業を提案する際、社長や会長から「先行企業はどうだ」と必ず問われるだろう。「他社ではこういうことをやって、これぐらいの売上を上げていました」「他の企業もこの分野でこういう売上を上げていました」となると、「じゃあ我々もやろう」という思考パターンである。試しに、他の企業が全く手を付けてないことを役員会で提案してみたらいい。

「お前、それで成功する自信はあるのか」

「他はやっていないんだろう。そんなことをして、もし大赤字になったらお前は責任を取れるのか」

そんな反応が、必ず上司や役員から出てくるはずだ。

経口避妊薬（ピル）の開発者として知られる化学者カール・ジェラッシも人がやらないことをやり、大成功を収めたオーストリア系のユダヤ人である。

オーストリアのウィーンで生まれたジェラッシは、米ウィスコンシン大学で博士号を取得後、１９４９年にSyntex社のアソシエイトディレクターに就任した。ここでジェラッシは、共同研究者とともに世界で初めてとなる経口避妊薬の基礎成分、ノルエチンドロンの開発に成功する。

今、世界中の女性が使っているこの避妊ピルは、いわゆる性ホルモンを錠剤化したものである。ジェラッシが事業化を思いついた理由は、もちろん「他に手掛けている人間がいなかったから」「他にできる人間がいなかったから」である。彼は自分の奥さんに試作品を使ってもらい、妊娠するか、しないかを試した上でピルを開発したのだ。誰もができることではないチャレンジであったからこそ、大成功を収めたのである。

ジェラッシの成功も、その背景に隠されたものは宗教教義のコア中のコア、十戒の教えの最後、「汝、うらやむなかれ」だった。うらやまないためには、同じ土俵で勝負をせず、人がやらないことをやる。そしてそのためには、科学に対する飽くなき探究心を持つ。うらやまないことでその後の繁栄に繋がった事例は、ユダヤでは枚挙にいとまがない。

面白いのは、ユダヤで最も自慢できる名刺の肩書は、企業名でも役職でもなく、「何回、起業したのか」という起業回数なのだ。日本人から見ると、「それはつまり、何回倒産したのか、ということじゃないか」となり、全く自慢にならないだろう。ユダヤでは解釈が正反対であり、「何回倒産したか」は、イコール「何回起業したか」だ。シリアルアントレプレナー（連続的起業家）という肩書が、イスラエルでは最も崇め奉られ、人気があるのもそのためである。イスラエルでは「え？　たった1～2回しか起業していないの？

それじゃあ、イノベーティブなヤツとは言えないな」と思われてしまうことを覚えておくといいと思う。

イスラエルの起業文化

イスラエル工科大学、またの名前を「テクニオン（Technion）」は、「イスラエルの*MIT」とも呼ばれ、中東きっての工科大学としてその名が知られている。世界の工科大学ランキングでも、10本の指に入る有名大学だ。

このテクニオンの卒業生の多くは企業に就職せずに起業をしていることは、日本のビジネスパーソンにはあまり知られていない。そもそも「卒業後」というよりも、在学中からすでに起業している学生がほとんどなのである。

一方、日本の一流とされる大学の理工科系の学生は、卒業後は大企業に就職するのが一般的なコースだろう。反してテクニオンの卒業生は、ほとんどの学生が在学中に起業するので、就職はしない人が多い。その最も大きな理由は、やはりユダヤ教にある。先述の通り、ユダヤ教は、絶対抽象の神以外の存在を認めない。どんなに立派な創業者であれ社長であれ、人間を神のように崇拝することは、あってはならない文化である。従ってユダヤの学生は、どこかの会社に勤めて、その社長の下で働くことを良しとはしない。

それは、十戒の教えの中の「汝、うらやむことなかれ」という教えにも基づいている。すなわち、「うらやまない」ということは、「人と同じことはしない」ということに繋がっていく。「どこかの大きな企業に入る」ということは、「人と同じことをする」ということにもなるだろう。同僚がいて、上司がいて、その中での競争がある。そうして人と同じことをしていると、社内で「人をうらやむ」という心理状態に陥る場面が増える。つまり「汝、うらやむことなかれ」に従うユダヤ人は、おのずと「企業に就職する」という選択肢は取らなくなる。

テクニオンの学生の多くがなぜ在学中に起業するのかというもう一つの理由に、日本の大学生とは違い、軍隊での実戦経験がある。イスラエルでは18歳で高校を卒業すると、男子も女子も数年間、軍隊に入ることが義務付けられている。男子は約3年、女子も約2年、軍で最先端の実戦訓練を受けるのである。そこでは、戦争で怪我をしたり、病気になったりした兵士をどう治療するのか、最先端の医療手術の訓練を受けるし、電気系統の故障の修理といった電気工学、冶金《やきん》等の工学知識、生命科学や生物学の知識も習得する。また、最も学びの大きい経験は、コンピューターサイエンスである。最先端のコンピューター技術を使ってハッキングをしたりされたりというデジタル戦争を、シミュレーションではなく、実戦で身に付けるのだ。彼らは軍隊にいる間にあらゆる分野で一流の技術訓練を受けているため、大学に入って来る21~22歳の時には、すでに様々な能力を持っている。だから、在学中の起業も可能になる。

さらに、イスラエルにはベンチャーキャピタルが数多くあるので、資金の提供も受けやすい。たとえ学生の起業家でも、「そこそこ飯は食える」という状態になるのである。テクニオンの学生が全てそうだというわけではないが、選択肢としては「インテルに入るか」「起業するか」というくらいで、インテルにも行かず起業もしていない学生は、「お前は一体、何をやっているんだ」という目で周りから見られてしまう。つまりそういった環境が、イスラエルの起業文化のベースになっているのである。

*アメリカのボストンにある全米屈指のエリート工科大学「Massachusetts Institute of Technology」の略。

食事戒律に秘められた科学的根拠

美食を求める者には毒蛇を

ユダヤ人がエジプトから脱出し、砂漠を彷徨《さまよ》っている時、神にこんな文句を言った。

「神様。もう勘弁してください。私どもは砂漠を彷徨いました。その間、水と食べ物は神様からいただきましたが、いつも同じ食べ物じゃないですか。〝マナ〟という、味がちっとも変わらないものを天からいただいて、こればっかり食べています。肉が食いたい。魚が食いたい。美味いものが食いたい。葡萄酒が飲みたい。柔らかいパンが食べたい。何とかしてくれませんか」

ユダヤ人の指導者モーゼは、これらの言葉を聞いて青ざめた。

「神に怒られるぞ。大変なことを言ってしまっている。この馬鹿どもが！」と思ったが、時すでに遅し。神はお怒りになり、

「何だと、このユダヤ人ども。食事に関して文句を言うのか。贅沢な食事をしたいだと？　ふざけるんじゃない！」

怒った神は、史上最強の毒を持つ毒蛇を、何十匹と、ユダヤ人たちの群れに放たれた。毒蛇は食事に文句を言ったユダヤ人に嚙み付き、そのユダヤ人は毒蛇の毒で即死してしまった。何十、何百、何千というユダヤ人たちも、毒蛇に嚙まれて即死した。

これを見て、生き残った者たちはモーゼに懇願した。

「私たちが悪かった。食事に文句を言って悪かった。生き長らえているだけでもありがたいのに、いつも同じ食事ということで文句を言ってしまった。私たちは大変な罪を犯してしまった。どうか助けてください」

そこでモーゼが神にとりなしたところ、「わかった」と神は仰せられ、さらにこう告げた。

「銅で毒蛇を形作れ。そして噛まれた者は、その銅で作られた毒蛇を仰ぎ見よ。さすれば生き長らえるであろう」と言われた。「ただし」と神はさらに言われた。「銅でできた毒蛇は上の方に置け。ポールの先に、見上げるように置け」と言われたのである。

この説話は、ヘブライ聖書の一節にある物語である。

「食事に贅沢を言うユダヤ人は死んでしまえ」と神が怒ったほど、ユダヤの教えは食事に厳しい。

物語に出てくる「マナ」という食べ物は「天使のパン」とも呼ばれ、「雪のように天から落ちてくるものである」と信じられた架空のものだ。「この食事に文句を言う者、食事の貧困さや、同じものを毎日食べ続けることに文句を言う者は死んでしまえ」というのがユダヤ教なのである。

もちろんユダヤ人となった私も、この教えを厳重に守り、穀菜食主義に徹している。「美味いものを食べたい」などとは決して思わないし、言わないし、口にもしない。毎日同じものを食べることにも苦痛は全くない。戒律を守ることがいかに重要であるかを、このヘブライ聖書の一節で思い知っているからである。

そう言うと、「そこまで食事を制限して、人生楽しいのですか。死ぬ前に後悔するのでは」という声が聞こえてきそうである。しかし私は「我々はどこから来て、どこへ行こうとしているのか」ということを全く考えなくなってしまうような人生こそ、死ぬ前の後悔になると思っている。

私が通う北欧のシナゴーグには、抗がん剤の治療を受け、フラフラの体でもやってくる友人がいるのだが、彼は私にこう言った。

「シナゴーグに来て、神に祈りを捧げ、ヘブライ聖書の勉強をすること。それが私の人生の目的だ」

もちろん、日本のみなさんにそれを強要はしない。ただ、そういった人生の信念を邪魔するものが、美食にあるとユダヤ人は考えているのである。だからこそ、ユダヤの食事戒律には禁止事項がたくさんある。その狙いは、ユダヤ人が美食やグルメに走らないようにすること。あれを食べたい、これを食べたいということだけを考えて過ごすのではなく、神のこと、ユダヤの教義のことを考え、ユダヤの教えを家庭内で議論し、もっとヘブライ聖書を読むように仕向けるためである。

そういうわけでユダヤ人は、ヘブライ聖書に書かれている神の言葉をどう解釈するのか、日々頭を掻きむしって考えている。神は我々人間に、一体どういう生き方を求めておられるのか？　ヘブライ聖書には答えがわかりやすく書かれているわけではないので、文字面だけを読んでも、さっぱりわからないからだ。

例えば神はユダヤ人に、ヘブライ聖書のモーゼ五書の中で、「海底を這う生き物を食べてはいけない」「鱗《うろこ》があり、背びれと胸びれ、腹びれがある魚以外は食べてはいけない」と教えている。また、四足動物に関しては、「野生の動物は食べてはいけない。飼育されている動物でも豚は食べてはいけない」「反芻《はんすう》する胃を持ち、蹄《ひづめ》が二つに割れている動物の肉しか食べてはいけない」とも教えている。反芻する胃を持ち、蹄の先が二つに割れている動物は牛、山羊、羊だが、これもユダヤの食事戒律の規定に従った屠畜《とちく》方法で、完全に血抜きをしたものでなければ調理をしてもいけないし、口にしてもいけない、ということになっている。

野生の動物を食べてはならない理由は、ユダヤ教では狩猟を禁止しているためである。しかし、なぜ海底を這う生き物、ひれをもたない魚類、反芻する胃を持つ動物以外、蹄が二つに割れていない動物は食べてはならないのか、なぜ完全に血抜きをしなければだめなのか。聖書にはどこにも、その理由は一切書かれていないのだ。

しかし、それでも戒律を守りながら、神の意図を考えながら暮らしている中で時が経ち、科学の進化と力によって、初めて解明されたことがいくつもある。

「海底を這う生き物」といえば、例えばエビ、イカ、タコ、ナマコ、蝦蛄《しゃこ》、貝など。神はなぜ、ユダヤ人はそういう魚介類を食してはいけないと言われたのか。それは食中毒の可能性を否定できないからである。

日本人のみなさんも、1956年に水俣湾で何が起こったのかはご存じだろう。水俣湾で起きた水俣病の原因は、水俣湾で捕れた貝、その貝を食べた魚に生物濃縮された水銀だった。潮干狩りでも、獲った貝を食べた人が食中毒を起こさないよう、一定の時期が決められている。それは、有毒の海藻が貝に取り入れられて発生する貝毒が、ある時期に発生する地方があるからだ。この貝毒は、ふぐの毒に匹敵する場合もある。つまり、貝を食べるエビやイカ、タコやカニも有毒化する危険性があるということを、ユダヤ人はかなり早い段階で知っていたわけである。

牛に関していえば、ユダヤの食事戒律の規定に従った屠畜方法は、牛に苦しみを与えないよう頸動脈と食道を一気に切り裂くことができるほど鋭利なナイフで、一瞬の迷いもなく、一刀のもとに切り落とす方法だ。そして完全に血を抜いて解体する際も、解体した肉を何度も塩水に浸け、血を抜く作業を繰り返さなければいけないため、食べられるようになるまで何日も要する。

日本人の大好きな霜降り肉も、「血抜きができない」という理由で、ユダヤ人は食べることができない。理由はもう一つあって、「ユダヤ人は脂肪を食べてはいけない」という戒律があるからだ。ユダヤ人が食べられるのは霜降り肉ではなく、完全に血抜きがしてあるもの。従って、手間ひまをかけた、血抜き、脂肪抜きの肉になる。ぱさぱさにはなるが、良質のタンパク質だけを脂肪を摂らずに口にできるため、結果的にはユダヤ人の健康維持に役立っている。

このように「神のおっしゃる意図は何だ」と必死になって考えるなかで、ユダヤ人の探求は科学的アプローチにも及んだ。ユダヤ人は科学に研鑽《けんさん》を積み、能力を身に付けてノーベル賞受賞者を多く輩出するまでになったのである。

もう一つ、神の意図が明らかとなった具体例は、ヘブライ聖書に書かれている、「男の子の赤ちゃんは、生後8日目に割礼手術を受けなければならない」というものだ。なぜ生後8日目なのか。ユダヤ人が長い年月をかけて解明していった結果、20世紀の免疫学、現代医学がそこに到達した結論は、「生後8日目の手術は、感染症のリスクが一生の間で最も少ない」という医学的エビデンスだった。乳児が母体から受け継ぐ免疫力が、最もピークになるのが「生後8日目」だったのだ。

神の意図には、逆境を生き抜く智恵が、必ず隠されている。5000年もの間、それを信じて生きたユダヤ人が健康を害さずに生きることに邁進《まいしん》できるのは、そこにもやはりヘブライ聖書の教えが脈々と息づいているからである。美食や快楽に走り、刹那的《せつなてき》に生きるのか。粗食を守り、生きる意味を追求するのか。

それは、あなた自身の自由意思である。

食事戒律から生まれたイノベーション

ユダヤ教における食事戒律の厳しさ、また、その科学的根拠については先述した。ヘブライ聖書の規定の中には、「残酷だから」という理由から、「汝、子牛の肉をその母牛の乳で煮てはいけない」という教えがある。そのためユダヤ人は、牛乳やチーズなどの乳製品と肉を一緒に食べることもしない。ビーフシチューも食さないし、肉料理を食べた後のコーヒーにミルクを入れることもしない。チーズハンバーガーもチーズと肉を一緒に食べることになるのでNGという徹底ぶりである（ゆえに、イスラエルにあるマクドナルドには、チーズバーガーという商品はない）。しかし考えてみれば、この戒律を守ることで結果的にはカロリー過多、脂肪の摂り過ぎを防ぐので、ユダヤ人の健康維持に役立っていると言える。

ニューヨークのユダヤ人が住む豪邸に招かれると、キッチンは必ず二つある。一つは肉料理用のキッチンで、もう一つは乳製品や野菜用のキッチンである。なぜならば、肉と乳製品を一緒に食べることは禁じられているので、一緒に調理することができないからである。二つあるのはキッチンだけではなくて、調理器具もディッシュウォッシャーも冷蔵庫も別。つまり、何もかも二つ必要になるので、ナイフもフォークも全て肉用と乳製品用と、別々にする必要がある。野菜を調理する時は、乳製品用のキッチンや調理器具で行っている。

なぜそうしなければならないのか。なぜ神はそういうことを我々に命じるのか。ユダヤ人の学者がいろいろと研究を重ねた結果、たどり着いた科学の結論は、「肉に付着したサルモネラ菌が中毒を起こす危険性がある」ということだった。そこで、肉料理と野菜料理は別々に調理をした方がよい、ということになった。だからユダヤ教では、キッチンから調理器具からカトラリー、皿まで別々になったのである。こうしてユダヤ人はヘブライ聖書の教えを守ることによって、サルモネラ菌やその他、肉に付着する食中毒の菌から何千年もの間、守られ続けてきたのだ。

現代のユダヤ人が始めた面白いビジネスに、ディッシュウォッシャーの底に設置する「ストレーナー」という網の商品開発がある。つまり皿に残った肉片が、ディッシュウォッシャーで洗った後、この網に引っかかるようになっている。

「肉片から出てくる臭いがついた皿は、乳製品を食べていい皿になるのか」というような議論を散々行い、「ストレーナーに肉がくっつかなければいいのではないか」という結論に至った。そしてユダヤ教の学者たちが、肉片が自動的に抜けるようなストレーナーの構造を発明したのである。それが今、ほとんどのディッシュウォッシャーのストレーナーに使われるようになり、ヒット商品となった。

これも、神が仰せられたことの理由を科学的に探究することによって新たなイノベーションが起こり、財産を築くことになったという、ユダヤ人らしい事例の一つである。

ユダヤ人はWhyを重視する

仏教は、偶像崇拝の宗教である。奈良の寺院には必ず仏像があり、壁画や仏像画なども多く描かれている。

そして、ヒンズー教、キリスト教のカトリックも同様に、多種多様な偶像を見ることができる。カトリックの教会には必ず十字架やキリストの磔《はりつけ》の像があり、ローマのバチカン内にも、過去の聖人の彫刻や天井壁画がある。そういう意味では、それらの宗教は共通して絵画や彫刻、彫像等で、神様や仏様の形を信者に見せる。これに対してユダヤ教の会堂であるシナゴーグは、中に入ってもそれらのものは一切なく、全く飾り気はない。ユダヤ教は偶像崇拝を禁じる宗教であるからだ。

さて、「これが神だ」というものを見せない宗教を信じるユダヤ人の子どもたちの頭脳は、どのように形成されていくのだろう。ここに、日本人とユダヤ人の大きな違いがある。日本人の場合は子どもに抽象的、哲学的な思考を教える機会が非常に少ない。

日本では幼少期に絵本や玩具などで具体物を見せながら学ぶことが一般的だ。「形あるもの」を視覚で、具体的に教えることになる。ユダヤ人の場合は反対で、視覚から「形あるもの」を具体的に教えるのではなく、神の教えが文字だけで記されたヘブライ聖書を勉強する。「ユダヤ人は書物の民」と言われる所以は、まずは家庭で、書物の勉強から子どもたちを学ばせるということが行われているからだ。ユダヤ人の子どもは、4~5歳ぐらいから、ヘブライ聖書の一節を読む勉強を父親や母親から教えられる。目に見える、形あるものから始まる学びとは180度違う教育が中心になっているのである。

このような宗教観の土台によって、ユダヤ人は「形なきもの」を得意とするようになり、プログラミング言語、物理学、数学、経済学、音楽などのジャンルで能力を発揮するようになった。

かたや日本人は、「形あるもの」が得意だ。iPS細胞の開発に成功、2012年にノーベル生理学・医学賞を受賞した京都大学の山中伸弥教授も然り。細胞が変化していくという、「形あるもの」の分野の成功例と言えるだろう。

「形あるもの」にこだわりを持つ日本は、現場主義、改善主義、ものづくりの強さに特徴がある。改善主義というのは、例えば生産ラインの一部に不良品が発生した場合、一刻も早く全員がその場に駆けつけて、何が問題であったのかを分析し、いかに修正するのかという現場第一主義の考え方だ。造船業や自動車産業、要はものづくり産業においては、そういった日本人の能力がプラスに転じていたのだろう。つまり、「Ｗｈａｔ（何を、どんなものを）」「Ｈｏｗ（どのように）」という考え方である。「Ｗｈａｔ」はどんなものを、「Ｈｏｗ」はどのようにして品質良く、安く、大量に、間違いなく作るのか。昭和の時代はまさに、現場生産のものづくり主義の中、日本人は「Ｗｈａｔ」「Ｈｏｗ」を問いかけながら成長してきたのだ。

しかしＩＴ革命以降、ビジネスの世界においてはとくに、「形なきもの」をとらえる抽象的思考がものを言う。そこで私からひとつ提案をしてみたい。

「お子さんをユダヤ人的に育ててみたらどうですか？」

具体的にどうするかと言うと、ユダヤ人の家庭でやっていることと同様に、玩具などは与えない。形ある二次元、三次元の絵が出てくるiPad等も与えずに、本だけを与えるのだ。

ユダヤ人の家庭の教育に「絵本教育」という概念は基本的にないため、本は与えるけれども絵本は与えない。絵本には、「大人が描いた絵画」というイメージを押し付けるおそれがある、と考えられているからだ。

例えば「モーゼはこんな顔をしていたよ」「神様はこういう姿をしているよ」というイメージ、概念を押し付けてはならない。このようにあらゆる偶像、あらゆる二次元・三次元の形あるものを排除していくので、ユダヤ教においては最初から、「絵のないヘブライ聖書」だけで勉強を始めるのである。

日本の親も、子どもには一度、書物の文字だけを与える教育を行ってみてはどうだろう。そうすることで日本人も、ユダヤ人のような抽象的思考が主の頭脳形成がなされていくはずだ。

抽象的思考に長けた頭脳構造とは、「Ｗｈａｔ（何を）」「Ｈｏｗ（どのように）」から思考するのではなく、「Ｗｈｙ（なぜ）」を起点に物事を考えていく頭脳のことだ。例えば自動車産業という産業自体を考えた時に、どう作るかを考えるのではなく、「車というものは、一体なぜ必要なのか」という「Ｗｈｙ」だけを一生懸命、とことん考える。

「車というものは、移動手段である」と考える場合、燃費のよい軽自動車で、できるだけ場所を取らないものである方がいい。軽自動車の多くが日本で生産されている理由は、「Ｗｈａｔ」「Ｈｏｗ」の文化から来ている一つの証左と言えるだろう。

一方、ユダヤ人が「自動車は、なぜ必要なのか」ということを考えた場合には、全く違ったものになってくる。例えば、「車は人を殺さないものであるべきだ」という考え方がある。今から100年ほど前にメルセデス・ベンツが初めて内燃機関で走る自動車を作って以来、大量の自動車が生産されてきたわけだが、同時に交通事故で亡くなる人が年間100万人以上も出るという状況がずっと続いてきた。

この現状を踏まえて、グーグルの創業者である二人のユダヤ人、ラリー・ペイジとセルゲイ・ブリンは「自動車は、これだけ交通事故で死者を出しているにもかかわらず、なぜ必要なのか」という「Why」の根本的・抽象的・哲学的な考えから出発して、自動運転という概念を生み出したのである。それが今、グーグルが世に問おうとしている「ウェイモ（Waymo）」という完全自動運転の車だ。「ウェイモ」は、ラリー・ペイジとセルゲイ・ブリンの二人が、機上からカリフォルニアの高速道路を眺めて、あちこちで発生している交通事故の多さを実感したことから行き着いたイノベーションなのである。

自動運転というと、今世界で最も進んでいると言われているのが、イスラエルにある「モービルアイ（Mobileye）」というユダヤ人が創業した企業である。「自動運転をするためには、車に目を持たせる必要がある。なぜならば、いちばん多くの情報を的確に判断しているのは、人間の目である。その人間が運転しているのだから事故も少ないが、それでも居眠り運転など、どうしても事故は起こる。ならば人間の目ではなくて、コンピューターの目に置き換えたらどうだろう」というメッセージが、企業名に込められている。

モービルアイの創業者アムノン・シャシュアはイスラエルのコンピューター科学者で、ヘブライ大学のコンピューターサイエンスの教授であり、画像認識で博士号を取っている人物である。彼は創業以前、目の不自由な人のための文字認識用眼鏡を開発していた。

「画像認識のＡＩは居眠りをしないし、酔っぱらうこともない」

そういう社会貢献の観点から、モービルアイを創業したわけである。モービルアイはその後インテルに買収され、世界の自動運転における画像認識半導体のマーケット市場を席巻している。

話をユダヤ人の子どもの教育に戻そう。

ユダヤ人の教育は、絵本を与えない。iPadも、玩具も与えない。形あるものは一切与えない。ヘブライ聖書のみを与える。文字だけで、あるいはヘブライ聖書の議論集であるタルムードだけを親が子どもに教える。その際は、「Ｗｈｙ（なぜ）」という問いかけから始まるのだ。

ユダヤ人の父親、母親が子どもに問いかける最初の質問は、「神はなぜ天地を、なぜ宇宙を創造されたのか」というものだ。現在の物理学や宇宙物理学は、いまだその問いには答えてはいないだろう。

ホーキング博士の有名なビッグバンの宇宙理論も、「宇宙はどのように生まれたか、宇宙はどう生まれたか」という「How」であり、「Why」ではない。ユダヤ教の場合、もっと端的に言えば、「ビッグバンはなぜ起こったのか」を考えるのだ。だからこそ、ユダヤ教と科学は矛盾しない。「神が宇宙を作られたのは、目的があったからである。では、その目的は何だろう」と考えるからである。「どのように宇宙ができたのか」という「What」「How」を考えるのは科学者の仕事ではあるものの、「Why」まではなかなか考えることができない。

しかしユダヤ人はヘブライ聖書の勉強を通じて、一人ひとりが、「神は何を我々に望んでおられるのか。それはなぜなのか」ということを考える。それを要求されている宗教であるがゆえに、ユダヤ人は「Why」を考える。考えて、考えて、その理由から、「このような時は、このように行動すると、蓄財に結びつく」という結論にたどり着くことができる。

「What」「How」のずっと手前にある「Why」から考える。

それは、逆境やピンチにおいても、発想の転換ができる力であり、ピンチをチャンスに変え、イノベーションを起こす力になる。その源にある「Ｗｈｙ」の思考こそ、未来を切り開くこれからの子どもたちに託し、受け継いでいってもらいたいと願うばかりである。

あとがきにかえて

今、私の手元には、二つのガジェットがある。

一つは、30年ほど前に購入した「ザウルス（Zaurus）」。これはシャープ株式会社が1993年に発売したPDA（Personal Digital Assistant／個人向けの携帯情報端末）だ。本体カバーを開けると、現在のiPhoneと変わらない機能が付いている。手書き文字認識機能を採用し、画面内の決められた枠内に文字や記号を書き込む。かなを書き込んだ後に漢字変換を行うこともできるし、ソフトウェアキーボードを使うこともできる。光通信を使うと外部機器とのデータのやり取りもできるという、当時にしては優れものだった。アップルがiPhoneを世界に発表したのが2007年。その約15年前、日本のシャープがiPhoneと似た機能を搭載した商品を世の中に出していた。

そして、二つ目のガジェットは、その2007年の発売直後に買ったiPhone（第一世代）である。最新のiPhone15シリーズ（2023年11月現在）と比べると、随分と小型である。さて、アップルよりも約15年も前に、iPhoneと近しい製品を開発、発売しておきながら、なぜザウルスは世界の主流にならなかったのか？

ここまでお読みいただいた読者のみなさんは、きっともうおわかりだろう。ザウルスには、「形あるもの」が全て搭載されている。カレンダー機能、スケジュール機能、メモ機能、世界時計、計算機能、英和・和英の辞書機能。具体的な「形あるもの」を重要視する日本企業は、一旦形になったものは「ありがたい存在」であるがゆえに、捨てること、切り捨てることができない。形あるものを「捨象《しゃしょう》」することができない。捨象とは、本質的ではない要素や側面、性質を切り捨て、「抽象化する」ことであるが、日本企業、日本人はそれができないのだ。

この「あれもこれも」と詰め込む性癖から、ザウルスはかえって、デザイン的にも、使い勝手としても複雑な製品になってしまった。しかし、一方のiPhoneは、「あれもこれも」全て捨て去った、非常にシンプルなデザインである。抽象的思考能力に強い人材が集まり、商品開発をすると、iPhoneのような革新的な製品を生み出し、巨万の富を得ることができる。

しかし、形あるものにこだわり、具象的思考能力が突出している日本は、「捨てられない」という呪詛《じゅそ》、束縛から逃れられずにいる。それゆえに、2000年以降日本は、産業競争力、国際競争力ともに一気に低下した。スイスの研究調査機関IMDの「世界競争力年鑑2022」によると、日本の競争力総合順位は34位（63か国・地域中）。同年鑑によれば、日本は1989年からバブル期終焉後1992年までは1位を維持していたのだ。

これから最も必要とされる技術の一つである5G導入にあたり、日本ではデジタル庁が「デジタル田園都市国家構想」なるものを謳《うた》っている。「デジタルの力で地方の個性を活かしながら社会課題の解決と魅力の向上を図る」とはいうが、では肝心の5Gの特許を持つ国はどこなのか。調べると、トップがファーウェイ（中国）、2位がクアルコム（アメリカ）、3位がサムスン（韓国）で上位3位を占める。

日本の企業はというと、NTTドコモが9位にランクインしているのみである（レクシスネクシス・ジャパン株式会社2023年調べ）。5Gの特許というものは、具体的な「形あるもの」ではなく、極めて抽象的な思考能力から生み出される技術である。日本は、ここでもすでに後れをとっている。

人々の日常の精神活動の基本である宗教において、一神教、すなわち「形あるものを崇拝しない」という教育を受けて育っていく子どもたちは、抽象的思考能力を育む。翻ってみると、2000年以降のデジタル産業革命の勝者のほとんどが、一神教国家から生まれている。ファイザー、モデルナ、グーグル、アマゾン、フェイスブック、アップル、テスラ、インテル然り。これら新しい産業の勝者は全て、一神教を崇拝する国家から生まれていることは偶然ではない。子どもの頃から抽象的思考能力を徹底的に鍛えられる国民によって形成された国家は、やはり現代のデジタル産業時代への適応能力が非常に高いのだ。

日本の男子小学生が将来就きたい職業は、「スポーツ選手」がトップだという（株式会社クラレ2023年調べ）。もちろん、アスリートは素晴らしい。しかし、アメリカやスウェーデン、イスラエルでは、「科学者になりたい」と言う子どもが最も多いのである。ここには、日本の抱える重大な課題が潜んでいると思う。

アメリカのSTEM教育（科学・技術・工学・数学を横断的に学ぶ教育）をはじめ、北欧諸国も、そしてイスラエルのユダヤ教も、小学校の頃から論理学や哲学、宗教学などの抽象的思考能力を鍛える学問を教えるという国家的教育政策をとっている。日本が本当の意味で国力を高め、富める国になっていくためには、大阪・関西万博の巨大木造建築物といった「形ある」ハコモノ事業ではなく、目には見えない「教育」にこそ注目し、投資していくべきだろう。どこかで誤った国家の運営を一刻も早く立て直してほしい。

しかし、それを待てない読者のみなさんも多いことだろう。みなさんは、せめてご自身の家庭だけでも、地域だけでも、子どもたちの「抽象的思考能力を高める教育」を心がけていただきたい。ユダヤのタルムードを活用してもいいだろう。

そう遠くない未来、日本の子どもたちから、類まれなる抽象思考能力を持ったイノベーターが数多く輩出されることを願って、本書の筆をおくこととする。

石角完爾

石角完爾
（イシズミ・カンジ）

1947年生まれ。京都府出身。京都大学法学部卒。国際弁護士。北欧在住。ユダヤ教に改宗し、ウルトラオーソドックス派に所属する日系ユダヤ人。ビジネスに秀でたユダヤ人の成功哲学を、国際ビジネス最前線での自身の経験を織り交ぜながらわかりやすく伝え、経営者やビジネスマンからの支持が厚い。千代田国際経営法律事務所代表。著作多数。近著は『ユダヤ賢者の知恵』（フォレスト出版）。

必ずお金が貯まるユダヤ蓄財術
「タルムード」金言集
混乱の時代を勝ち抜く智恵

2024年1月22日　初版第1刷発行

著者	石角完爾
発行者	石川和男
発行所	株式会社小学館 〒101-8001 東京都千代田区一ツ橋2-3-1 編集：03−3230−5651 販売：03−5281−3555
印刷所	萩原印刷株式会社
製本所	株式会社若林製本工場
ブックデザイン	木下容美子
構成・執筆協力	井尾淳子
企画協力	株式会社アップルシード・エージェンシー（鬼塚忠・有海茉璃）
DTP	株式会社昭和ブライト
校正	玄冬書林、合同会社コトノハ
編集	木村順治

ISBN978-4-09-389135-6